国家智库报告(2021)
National Think Tank (2021)

中国金融科技燃指数报告
(2021)

REPORT ON CHINA'S FINTECH FIRE INDEX (2021)

主　编　胡滨
副主编　尹振涛　汪勇

中国社会科学出版社

图书在版编目(CIP)数据

中国金融科技燃指数报告.2021 / 胡滨主编. —北京：中国社会科学出版社，2021.9

（国家智库报告）

ISBN 978-7-5203-8930-3

Ⅰ.①中… Ⅱ.①胡… Ⅲ.①金融—科技发展—研究报告—中国—2021 Ⅳ.①F832

中国版本图书馆 CIP 数据核字(2021)第 166081 号

出 版 人	赵剑英
项目统筹	王 茵 喻 苗
责任编辑	夏 侠 李 沫
责任校对	季 静
责任印制	李寡寡

出　　版	中国社会科学出版社
社　　址	北京鼓楼西大街甲 158 号
邮　　编	100720
网　　址	http://www.csspw.cn
发 行 部	010-84083685
门 市 部	010-84029450
经　　销	新华书店及其他书店
印刷装订	北京君升印刷有限公司
版　　次	2021 年 9 月第 1 版
印　　次	2021 年 9 月第 1 次印刷
开　　本	880×1230　1/32
印　　张	5.5
字　　数	135 千字
定　　价	39.00 元

凡购买中国社会科学出版社图书，如有质量问题请与本社营销中心联系调换
电话：010-84083683
版权所有　侵权必究

《金融科技燃指数报告（2021）》编委会

主　编　胡　滨
副主编　尹振涛　汪　勇
成　员（以姓氏拼音为序）
　　　　　陈冠华　丁　一　范云朋　韩　杨　李俊成　刘贤达
　　　　　肖　节　张　驰　张　羽　张淑芬　赵家伟　郑联盛

摘要：金融科技是技术驱动的金融创新。以大数据、人工智能、云计算、区块链等为代表的新一代信息技术全面渗透到诸多金融细分领域，正在改变和重塑金融业态。金融科技的健康发展，有利于提升金融服务的质量和效率，已成为各国金融竞争力的重要支撑。

《金融科技燃指数报告（2021）》由中文篇、英文篇构成。其中，英文篇是中文篇的翻译版本。正文主要包含了六个章节。第一章是金融科技概览，界定了金融科技的概念，总结了金融科技的基本特征，评述了2020年中国金融科技行业的十大事件。第二章是指标体系与指数构建原理，介绍了金融科技燃（FIRE）指数的指标体系，说明了报告的主要数据来源。第三章是中国金融科技燃（FIRE）指数的主体部分，评价了中国59个大中城市金融科技的总体发展情况，依据各城市的得分将其划分为五个梯队，并测度了这些城市在要素基础、智力支撑、资源环境和企业实力四个细分维度的发展状况。第四章是案例分析，多角度、多维度比较分析了各梯队代表性城市金融科技的发展进展。第五章是金融科技的城市和产业链分布特征，以"底层技术研发—科技融合输出—金融场景建设"为链条，界定了金融科技企业在金融科技产业链上的相对位置，深入分析了金融科技企业在城市、产业链以及技术上的分布特征。第六章是主要结论与展望，在总结报告主要结论的基础上，对城市发展金融科技提出了针对性的政策建议，并对金融科技行业的发展进行了展望。

关键词：金融科技　指标体系　数字技术　监管科技

卷首语

  金融科技是技术驱动的金融创新。随着移动互联、人工智能、大数据、云计算、区块链等新兴技术不断应用于期限转换、信用转换、收益转换以及风险转换，金融科技不仅升级并创新了金融服务理念、思维、流程及业务，还强化了金融体系的资源要素整合功能。金融科技业已成为各国金融竞争力的重要支撑，也代表了金融业发展的未来趋势。

  金融科技具有跨界性、去中介、去中心化、自伺服等"破坏性创新"特点，对金融监管体系产生重大挑战，带来了金融创新与金融监管的权衡问题。相较传统金融领域，金融科技创新产品具有更大的虚拟性、便捷性和复杂性等特征，使得金融风险更加难以识别和验证，风险形成机制和传播路径也更为隐秘，监管部门也面临更大挑战，亟须创新和完善监管机制，确保金融科技创新在审慎监管前提下稳妥推进，推动金融科技更好服务实体经济，助力构建双循环新发展格局。

  2019年8月，中国人民银行印发《金融科技（FinTech）发展规划（2019—2021年）》，要求秉持"守正创新、安全可控、普惠民生、开放共赢"的基本原则，充分发挥金融科技赋能作用，推动我国金融业高质量发展。在2020年11月发布的《中共中央关于制定国民经济和社会发展第十四个五年规划和二〇三五年远景目标的建议》中，也明确提出要"提升金融科技水平，增强金融普惠性"。如何引导金融科技行业健康可持续发展、确保金融创新在审慎监管前提下进行、推动金融科技更好地服务实体经济成为现代化金融体系建设的重要议题。

金融科技在中国的迅猛发展，扩大了金融服务的可得性和覆盖面，缩小了金融服务的空间异质，并在多个方面引领全球金融科技浪潮。当前，中国金融科技发展进入"深水区"，在从高速增长向高质量发展的转型升级过程中，前期累积的问题和风险逐步暴露，针对金融科技的监管措施也在不断强化，在此背景下如何客观衡量中国金融科技发展的整体水平及其全球地位、评估不同地区间金融科技的发展差异、厘清金融科技企业的城市和产业链分布特征成为地方政府、监管部门和业界共同关注的热点问题。为此，中国社会科学院金融研究所以金融科技研究室为基础，组织青年研究骨干进行集体攻关，依据59个重要城市的数据，编制了中国金融科技燃（FIRE）指数，从要素基础、智力支持、资源环境和企业实力四个方面构建了包含4个一级指标、9个二级指标和21个三级指标的金融科技评价指标体系，并撰写了《中国金融科技燃指数报告（2021）》，以期推动金融科技的深化研究，帮助业界、监管部门和地方政府更好地了解金融科技发展状况，识别金融科技发展面临的瓶颈与障碍，明晰金融科技发展的努力方向，有的放矢攻克薄弱环节，促进金融科技健康可持续发展。

习近平总书记强调："实现高质量发展，必须实现依靠创新驱动的内涵型增长。我们更要大力提升自主创新能力，尽快实现关键核心技术。这是关系我国发展全局的重大问题，也是形成以国内大循环为主体的关键。"[1] 作为国家高端智库，中国社会科学院金融研究所衷心希望以中国金融科技燃（FIRE）指数为起点，持续拓展和完善金融科技研究的维度、深度和广度，不断推出系列研究成果，为党中央、国务院建言献策，为地方金融发展提供研究支持，推动金融科技行业健康可持续发展，进而为提升中国金融业的全球竞争力贡献力量。

胡滨

2021 年 8 月

---

[1] 《习近平重要讲话单行本（2020 年合订本）》，人民出版社 2021 年版，第 76 页。

报告核心观点

1. 中国金融科技燃（FIRE）指数排名

其一，以总指数来看，北京、上海、深圳位居前三，排在4—10位的城市依次为杭州、广州、南京、武汉、成都、苏州和西安。从空间分布来看，东南部发达地区在金融科技发展中具有明显优势，但部分中西部城市也有不俗表现。

其二，以要素基础分指数来看，北京在经济和人口方面均具明显优势，位居第一。杭州凭借其在人口红利，尤其是人口增速方面的优势，位居第二。广州、上海、重庆、成都、深圳、长沙、武汉和西安位居3位至10位。

其三，以智力支撑分指数来看，北京在企业科研和高校科研两方面均具绝对优势，位列第一。上海和南京分别在高校科研和企业科研方面具有明显的比较优势，分别排名第2、3位。广州、深圳、杭州、武汉、成都、西安、天津位居4位至10位。

其四，以资源环境分指数来看，上海凭借在政策资源、网络资源和金融资源方面的优势占据首位。北京、深圳因在网络资源和金融资源方面表现亮眼，分别位列第2、3位。武汉、杭州、南京、成都、贵阳、西安、广州位居4位到10位。

其五，以企业实力分指数来看，北京在企业数量和企业质量方面均具绝对优势，位居首位。深圳、上海、杭州、广州、苏州、南京、武汉、成都、济南位居2位到10位。

2. 金融科技企业的城市和产业链分布特征

其一，金融科技企业数目方面，北京、上海、深圳、广州、杭州、成都、南京、苏州、武汉和天津排在前十位。其中，北京、上海和深圳三市的金融科技企业数目分别占全国的19.5%、13.0%和12.3%。绝大多数金融科技企业居于产业链中游（74.2%），其次为产业链上游（21.4%），再次为产业链下游（4.4%）。

其二，专利申请量方面，北京、深圳、上海、广州、杭州、苏州、成都、南京、济南和郑州排在前十位。位于产业链中游的专利数目最多，达到85.1%，其次为产业链上游（12.9%），最少的是产业链下游，仅为2.0%。

其三，数字技术方面，从事大数据研发的企业最多，随后依次为云计算、区块链和人工智能研发企业。就专利数量而言，大数据专利数最多，紧随其后的是云计算、人工智能，区块链专利数最少。从专利平均质量看，区块链发明专利占比最高，其后依次为云计算、人工智能，大数据发明专利占比最低。

3. 地方支持金融科技行业健康发展的政策建议

其一，加强政策支持力度，推动金融科技发展。充分发挥政府职能，出台金融科技发展规划，加大对金融科技发展的支持力度。通过政策支持，引导资金合理配置，鼓励对金融科技企业进行投资，尤其是鼓励金融机构助力中小型金融科技企业发展，解决中小企业融资难问题。

其二，结合当地实际，找准金融科技发展切入点。第一梯队的北京、上海、深圳金融科技基础好，资源丰富，综合优势突出，未来应继续发挥创新驱动研发，研发形成技术，技术赋能场景的良性循环。其他城市应结合当地比较优势，寻找突破口，发展金融科技。

其三，以央行推出数字货币为契机，加大金融基础设施建设。2020年，数字人民币开始试点，数字货币将深刻改变金融基础设施。目前，央行已基本确立了数字货币发行的"两库、三中心"以及用户端数字钱包等系统架构。地方政府应以此为契机，加大关键金融基础设施建设，推动区块链、大数据、云计算、数字钱包等新兴技术在数字货币中的运用。

其四，北部地区以城市群为载体，推进区域内金融科技协同发展。北部地区可以借鉴南部地区的经验，以京津冀等城市群为载体，加强区域合作，树立"一体化"意识和"一盘棋"思想，加大政策力度推进区域经济一体化，加强区域内不同城市的互动合作，实现金融科技的协同发展。

其五，中西部城市以发展金融科技为契机，实现变道发展。近年来，大数据、人工智能、区块链等新兴技术广泛应用于金融领域，金融与科技的融合程度不断加深。中西部地区应顺应时代潮流，加强金融科技理论研究，深入开展产学研合作，加速推动科研成果转化，积极运用金融科技为"一带一路"国家提供更优质的金融服务，在金融科技领域变道发展。

其六，加强监管科技建设，提高地方金融监管的有效性。围绕行业综合监管、风险监测预警、综合监管协同、金融科技服务管理等地方金融监管需求，加强监管科技建设，大力推动监管科技在实践中的应用，强化对既有业务的非现场监管功能以及对创新业务的监管沙箱功能，辅助现场检查监管功能，补齐地方金融监管短板，提高地方金融监管能力和效率。

目　　录

一　金融科技概览 …………………………………………（1）
　（一）概念界定 ………………………………………（1）
　（二）基本特征 ………………………………………（2）
　（三）2020年金融科技十大事件评述 ………………（5）

二　指标体系与指数构建原理 …………………………（12）
　（一）指标体系 ………………………………………（12）
　（二）数据来源 ………………………………………（14）

三　中国金融科技燃（FIRE）指数 ……………………（15）
　（一）总指数 …………………………………………（15）
　（二）四大分项指数 …………………………………（20）

四　案例分析 ……………………………………………（30）
　（一）第一梯队：北京、上海和深圳 ………………（30）
　（二）第二梯队：杭州、广州和成都 ………………（34）
　（三）第三梯队：苏州、郑州 ………………………（38）
　（四）第四梯队：贵阳、佛山 ………………………（40）
　（五）第五梯队 ………………………………………（43）

五 金融科技的城市和产业链分布特征 ……………（45）
（一）金融科技企业分布特征 ……………………（46）
（二）金融科技专利分布特征 ……………………（49）
（三）金融科技数字技术分布特征 ………………（51）

六 主要结论与展望 …………………………………（56）
（一）主要结论 ……………………………………（56）
（二）建议 …………………………………………（58）
（三）展望 …………………………………………（60）

后 记 …………………………………………………（63）

一　金融科技概览

（一）概念界定

金融科技，英文名为 FinTech，系 Financial 与 Technology 组合而成。金融稳定理事会（FSB）在 2016 年发布的《金融科技的描述与分析框架报告》中对金融科技概念做出了界定，认为金融科技是由大数据、区块链、云计算、人工智能等新兴前沿技术带动，对金融市场以及金融服务业务供给产生重大影响的新兴业务模式、新技术应用、新产品服务等。巴塞尔银行监管委员会将金融科技分为支付结算（Payments, Clearing & Settlement）、存贷款与资本筹集（Deposits, Lending & Capital Raising）、投资管理（Investment Management）、市场设施（Market Provisioning）四类（BCBS, 2017）。中国人民银行发布的《金融科技发展指标》中指出，金融科技是指技术驱动的金融创新，其核心是持牌金融机构在依法合规前提下运用现代科技成果完善或创新金融产品、经营模式和业务流程，赋能金融发展提质增效。[①]

从供给主体上看，金融科技可以分为广义和狭义两个层

[①] 中国人民银行，金融科技发展指标，http://www.pbc.gov.cn/goutongjiaoliu/113456/113469/3878634/index.html，2020 年 10 月 22 日。

面。广义层面下,金融科技的参与主体既包括各类科技公司,也包括各类传统金融机构,只要它们在进行科技与金融的融合。狭义层面下,金融科技特指一种小型的、技术能力强的金融服务新进入者(不包括进入金融服务的大科技公司)或者是现有将重点放在技术上的金融机构。本报告使用的是广义金融科技的概念,认为金融科技既包括初创型金融科技公司的金融业务,也包括大科技企业金融业务,还包括传统金融机构所开展的科技应用。

(二) 基本特征

1. 创新性

金融科技的核心是通过新技术手段在金融领域的应用,推动金融创新,形成新的业务模式、技术应用,流程及产品服务,构建安全、可控、先进、高效的金融科技应用体系,提高金融服务效率,降低成本。在新一轮科技革命和产业变革背景下,大数据(专栏1)、人工智能(专栏2)、云计算(专栏3)、区块链(专栏4)等新兴技术与金融业务深度融合,不断推动金融科技发展,为金融发展提供动力和活力。

专栏1

大数据是大量高速、复杂和可变的数据集合,需要使用先进技术才能实现对其信息的采集、存储、分配、管理和分析。IBM 和 Oracle 总结出大数据"5V"特点,即大量(Volume)、高速(Velocity)、多样(Variety)、低价值密度(Value)和真实性(Veracity)。

来源:Chebbi et al. (2015),https://link.springer.com/chapter/10.1007/978-3-319-24306-1_62#citeas。

专栏 2

人工智能这一词语是由斯坦福大学退休名誉教授 McCarthy 在 1955 年提出的，是指："制造出智能设备的科学和工程技术。"多数研究是通过计算机编程使得机器表现出聪明，比如下象棋。但今天我们更强调机器能够像人类一样进行学习。

来源：Artificial Intelligence Definitions，斯坦福大学。

专栏 3

云计算是一种将可伸缩、弹性、共享的物理和虚拟资源池以按需自服务的方式供应和管理，并提供网络访问的模式。云计算模式由关键特征、云计算角色和活动、云能力类型和云服务分类、云部署模型、云计算共同关注点组成。

来源：《云计算词汇与概述》（Information Technology-Cloud Computing-Overview and Vocabulary）。

专栏 4

区块链是不可变的分布式数字账本，它使用高级加密技术对数据实施保护，在点对点网络中的点对点节点之间复制，并使用共识机制对交易日志达成一致，而控制权则是分散的。在典型的区块链系统中，数据以区块（block）为单位产生和存储，并按照时间顺序连成链式（chain）数据结构。

来源：Gamage et al. (2012), https://link.springer.com/article/10.1007/s42979-020-00123-0#citeas。

2. 普惠性

金融科技具有普惠性。一方面，金融科技通过金融与技术的融合，利用新兴技术，扩大金融服务覆盖范围，降低金融服务成本和门槛，提升金融服务质量，让更广泛的人群，特别是长尾客户①可以享受更优质高效的金融服务；另一方面，金融科技的快速发展，催生了很多新的金融业务模式、流程、产品及服务，可以给中小企业提供更多的金融支持，为解决中小企业融资难、融资贵的问题提供新的解决思路和解决方案。

3. 融合性

金融科技的融合性是把新兴数字技术应用到金融领域，以实现金融与科技的融合，金融与其他商业生态的融合，金融机构与科技公司的融合。一是金融机构积极运用金融科技，推进数字化转型，实现金融与科技的融合；二是传统金融机构与科技公司跨界合作逐步深入，发挥各自优势，不断创新金融服务模式和产品；三是金融与科技的融合可以孵化出金融科技的新兴业态，如网络支付、数字货币、智能投顾等②。

4. 引领性

金融科技的创新与发展具有引领性，为金融业的转型升

---

① 长尾客户来源于美国"连线"杂志主编 Chris Anderson 于 2004 年提出的长尾理论，指因产品或服务需求小而分散，构建了需求曲线细长尾部的客户。

② 智能投顾也称机器人顾问，是一种自我引导的在线财富管理服务，它采用投资组合管理算法，以低成本和低账户最低限额为客户提供自动化投资建议。

级指明了前进方向。首先,引领金融创新。新兴技术在金融发展中的作用日益凸显,不仅带来金融产品、服务、模式和场景的创新,也带来金融业态的更新。其次,引领技术创新。金融科技的不断创新,不但可以使科技公司利用技术优势,创新金融业态,而且可以引领传统金融机构的数字化转型,重塑传统金融机构的服务和平台。最后,金融科技发展倒逼监管改革。金融科技的发展对金融监管产生了深远影响,为了防范金融科技引发的新的挑战和风险,适应金融科技对监管的要求,金融监管需进一步加大改革力度,完善金融科技监管体系。

(三)2020 年金融科技十大事件评述

2020 年,牵动全球的新冠肺炎疫情席卷而来。本报告选取金融科技领域的 10 个重大事件,构画出 2020 年中国金融科技的发展图谱。

1. P2P 网贷机构清零

全国实际运营的 P2P 网贷机构,从 5000 家逐渐减少,到今年 11 月中旬完全清零。从 2016 年开始对 P2P 进行严监管,历时四年多,终于在 2020 年实现 P2P 网贷机构全面清退,P2P 时代正式落幕。

点评:网贷机构的完全清零,由多种因素共同促成,包括网贷风险集中释放,网贷问题集中暴露,监管部门从严清退以及疫情带来的宏观经济下行等。但是网贷机构清零并不意味着结束,后续还需持续关注存量风险的化解，妥善采取多项措施，加大逃废债催收力度，增加资金回退，维持金融秩序，防止金融风险扩散。同时，还要认真吸取 P2P 网贷整治留下的教训，加强监管力度，规范行业发展，让金融创新不能突破监管。

2. "无接触金融"快速发展

疫情突袭，"无接触服务"需求激增，催生了以金融科技为基础，线上化、智能化、数字化的"无接触金融"等新业态发展，成为金融机构应对疫情冲击，获取新的业务增长动力的重要引擎。

点评：中国银保监会办公厅于 2020 年 2 月发布《关于进一步做好疫情防控金融服务的通知》，要求各银行保险机构积极推广线上业务，优化丰富"非接触式服务"渠道，提供安全便捷的"在家"金融服务。在此背景下，"无接触金融"在疫情背景下快速兴起，金融科技充分发挥了赋能金融的价值，对金融机构的战略布局、业务范围、合作模式等方面都产生了重要影响。

3. 支付罚单创新高

2020 年，监管部门依然对第三方支付违规问题实行严监管。2020 年 12 月 17 日，据《北京商报》记者不完全统计，中国人民银行 2020 年已对支付机构开出超过 60 张罚单，罚没金额超过 3 亿元，罚款总额较之去年翻倍。

点评：2020 年，监管部门加大对支付业乱象的整治力度，对支付行业从重从严监管，反洗钱、备付金是重点监管领域。处罚频次增加，罚款总额创新高，大额罚单增多，对于多次违规、情形恶劣的机构，监管部门施以重罚，甚至出现一次性罚没 1.16 亿元的巨额罚单。另外，监管部门对支付机构进行"双罚"力度加大，近半罚单涉及"双罚"。央行对机构罚单的金额增多，对机构相关负责人的处罚力度加大，监管更加精准。

4. 监管沙盒扩容

从 2019 年 12 月，中国人民银行在北京启动金融科技"监管沙盒"①的试点工作。目前，金融科技创新监管试点已扩大至北京、上海、重庆、深圳、河北雄安新区、杭州、苏州、广州、成都 9 个地区，且均已发布金融科技创新监管试点应用名单。

点评：随着金融科技创新监管试点持续扩容，众多持牌金融机构、科技公司，在依法合规、风险可控的前提下，积极探索运用新兴技术推动金融创新，加快数字化转型，提高金融服务实体经济的能力。在整体风险可控的情况下，监管部门通过监管沙盒，探索金融监管的长效手段，构建既能防范金融风险，又能包容合理创新，高度适配中国国情的金融科技监管体系，实现监管模式从被动监管转向主动监管、从静态监管转向动态监管，从规则监管转向原则监管的转变。

---

① 监管沙盒是一个"安全空间"，企业可以在其中测试创新产品、服务、商业模式和交付机制，而不会立即产生参与相关活动的所有正常监管后果。

5. 数字人民币试点城市增加

2020年，数字人民币试点正在全国多地推开，并将继续扩大范围。深圳、苏州、雄安、成都四市及未来的冬奥会场景先行进行数字人民币内部封闭试点测试，后续还会进一步新增试点城市，丰富应用场景。

点评：数字人民币的试点城市不断扩大，应用场景逐渐丰富，已覆盖至购物消费、工资支付、交通出行、旅游外出、外卖结算和学费支付等各类场景，用户接受度也在不断增长。央行发行数字人民币，有助于加快推进人民币国际化，抢占数字货币时代国际市场先机，增强区域金融市场合作，精准打击腐败、洗钱、逃税、恐怖分子融资等非法行为。中国应加快数字货币的相关立法工作，进一步提高技术，完善技术，增加应用场景，推动数字人民币早日正式发行。

6. 大型金融科技平台纳入金控监管

2020年9月13日，国务院发布《关于实施金融控股公司准入管理的决定》，明确了对金融控股公司实施准入管理，由中国人民银行颁发许可证。同日，中国人民银行《金融控股公司监督管理试行办法》出台，对准入条件和程序进行细化。两份文件均于2020年11月1日起施行。

点评：金控监管规范的出台，贯彻落实党的十九大精神及第五次全国金融工作会议要求，以金融供给侧结构性改革为导向，以增强金融服务实体经济能力为任务，以精准有效处置重点领域风险为抓手。随着两份文件的出台，围绕金融控股公司监管的制度框架初步形成，蚂蚁集团将整体申设金融控股公司纳入监管，健全风险隔离措施，规范关联交易。

7. 民间借贷利率上限调整

2020年8月20日，最高法发布新修订的《最高人民法院关于审理民间借贷案件适用法律若干问题的规定》，大幅下调民间借贷利率上限，以一年期LPR的4倍为标准，取代原来"以24%和36%为基准的两线三区"的规定。

点评：此次调整民间借贷利率司法保护上限，不仅规范了民间借贷活动，而且对整个金融市场产生了深远影响。一方面，可以降低中小企业融资成本，助力中小企业应对新冠肺炎疫情带来的影响；另一方面，民间借贷利率上限调整，将改变民间借贷市场的定价机制，进而规范互联网助贷及联合贷款等业务。

8. 网络小贷监管新规出炉

2020年11月2日，中国银保监会、中国人民银行共同起草了《网络小额贷款业务管理暂行办法（征求意见稿）》，业务准入、业务范围和基本规则、经营管理、监督管理、法律责任等方面对网络小额贷款业务进行规范。

点评：网络小额贷款监管新规强化借款人保护原则，提高了网络小额贷款资本金门槛，对经营范围进行限制，禁止跨省展业，对联合贷款进行限制，约束网络小额贷款的融资杠杆。新规进一步规范了小额贷款公司网络小额贷款业务，统一了监管规则和经营规则，促进网络小额贷款业务规范健康发展。新规的出台将会推动整个行业进一步调整，一些大型平台依据资源和资金优势进一步发展，而部分中小平台则有可能被市场淘汰。

9. 商业银行法第三次大修

2020年10月16日，央行就《中华人民共和国商业银行法（修改建议稿）》公开征求意见。主要修改内容包括以下方面：扩大法律适用主体，建立分类准入和差异化监管机制，完善商业银行公司治理，健全风险处置与退出机制，调整商业银行经营规则，规范客户合法权益保护等。

点评：自《商业银行法》1995年颁布以来，经过了2003年、2015年两次修订。但是，近年来，我国银行业飞速发展，尤其是创新性、交叉性金融业务不断涌现及金融科技的广泛应用，立法和监管面临很多新问题，亟须对《商业银行法》进行全面修订。此次修改再次重申农村商业银行、城市商业银行服务区域本地的定位，明确要求城市商业银行、农村商业银行、村镇银行等区域性商业银行应当在住所地范围内依法开展经营活动，未经批准，不得跨区域展业。新法的实施将进一步规范互联网贷款业务，遏制区域性中小银行通过助贷模式跨区域经营的冲动。

10. 蚂蚁集团暂缓上市

按照原定计划，国内最大"独角兽"蚂蚁集团，拟于

2020年11月5日在沪港两地同步挂牌上市。2020年11月3日，上交所和港交所几乎同时发布消息，暂停蚂蚁集团上市进程，全球最大IPO被监管按下"暂停键"。同时，监管部门多次约谈蚂蚁集团，要求其就金融业务活动中存在的突出问题开展整改工作，确保实现依法经营、守正创新和健康发展。

点评：近年来，随着金融科技创新步伐加快和金融行业发展突飞猛进，监管部门也加快建立健全金融监管制度，完善监管配套政策，构建包容创新审慎的监管环境，处理好金融发展、金融稳定和金融安全之间的关系。蚂蚁集团上市计划被紧急叫停，彰显了监管部门加强监管，切实维护金融稳定发展、保护投资者权益的决心。短期来看，强监管会给行业带来阵痛，但长期来看，则是利好行业发展，制度健全、运营规范的机构能在市场竞争中走得更长更远更好。

二　指标体系与指数构建原理

（一）指标体系

根据金融科技的定义，考虑到中国金融科技行业发展的特色，课题组设计了针对国内各个城市金融科技发展的评价指标体系，即"燃（FIRE）"指数体系。"燃（FIRE）"指数主要将影响金融科技的因子根据性质不同，分为要素基础、智力支持、资源环境和企业实力四个一级指标。

要素基础（Factors）一级指标下又分为两个二级指标，分别从经济发展和人口要素方面考察了各城市金融发展所依赖的影响因子，共计6个三级指标。要素基础一级指标总体反映了当地金融科技发展的经济人口因素，这类因素是金融科技发展的基础，但在短期内一般不会发生剧烈的变化。

智力支持（Intelligence）一级指标下也分为两个二级指标，分别考察高校的科研专利数量与各城市金融科技企业的人力资源情况，共计3个三级指标。智力支持一级指标主要衡量了当地与金融科技相关的科研水平和从事金融科技应用的人力情况，这类因素是金融科技发展的动力。

资源环境（Resources）一级指标下分为三个二级指标，分别从政策资源、网络资源和金融资源三个维度考察了对当

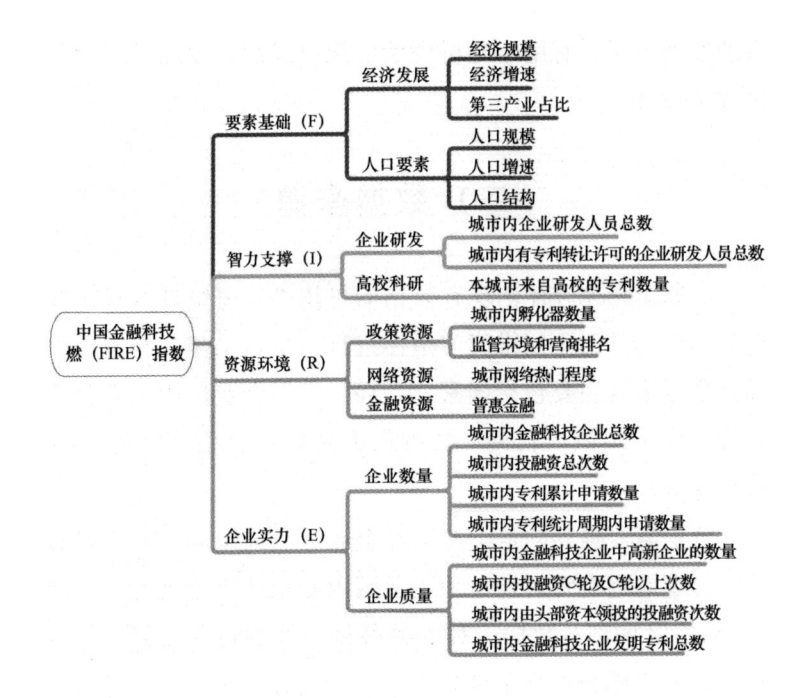

图 2-1 金融科技燃（FIRE）指数指标体系

中国金融科技燃（FIRE）指数
- 要素基础（F）
  - 经济发展
    - 经济规模
    - 经济增速
    - 第三产业占比
  - 人口要素
    - 人口规模
    - 人口增速
    - 人口结构
- 智力支撑（I）
  - 企业研发
    - 城市内企业研发人员总数
    - 城市内有专利转让许可的企业研发人员总数
  - 高校科研
    - 本城市来自高校的专利数量
- 资源环境（R）
  - 政策资源
    - 城市内孵化器数量
    - 监管环境和营商排名
  - 网络资源
    - 城市网络热门程度
  - 金融资源
    - 普惠金融
- 企业实力（E）
  - 企业数量
    - 城市内金融科技企业总数
    - 城市内投融资总次数
    - 城市内专利累计申请数量
    - 城市内专利统计周期内申请数量
  - 企业质量
    - 城市内金融科技企业中高新企业的数量
    - 城市内投融资C轮及C轮以上次数
    - 城市内由头部资本领投的投融资次数
    - 城市内金融科技企业发明专利总数

地金融科技发展起到支撑作用的因子，共计 4 个三级指标。资源环境一级指标主要衡量了当地金融科技发展是否有良好支持，例如政府是否支持，金融需求是否旺盛等，这类因素是金融科技发展的保证。

企业实力（Enterprises）一级指标下分为两个二级指标，分别从数量和质量两个维度考察了各地金融科技产业链上微观企业的基本情况，共计 8 个三级指标。企业实力一级指标主要衡量了金融科技产业相关企业在当地的密集程度和质量优劣，这类因素是金融科技发展的主体。

"燃（FIRE）" 指数从实践主体、主要动力、重要支撑和基础要素四个维度全面、立体地刻画了金融科技在各个城市的发展情况,有助于分析现状,探讨成因,预测发展和提供政策建议。

(二) 数据来源

课题组在充分评估现有数据的可用性、完整性及可持续性后,分别针对不同维度的指标进行了数据采集、整理和处理。数据来源主要包括国家统计局、全国企业信用信息公示系统、国家知识产权局、各省市人民政府官网,以及 Wind 数据库等。

特别需要提到的是,在考察企业专利成果和研发人员数量时,课题组有针对性地采集了国内知识产权相关专业平台"六棱镜"的部分数据,对金融科技产业的行业布局、专利数据的赛道细分进行了细致考察。六棱镜(Sixlens)是由国家知识产权局批复建设的第一个国家级产业类知识产权运营中心暨国家知识产权大数据产业应用研究基地自主研发的新一代知识产权大数据产品,融会贯通了知识产权、工商注册、投融资、科技文献、标准等 12 大类、300 余种多源异构数据资源,构建形成了涵盖 150 亿条专利—实体网络关系数据的资本—人才—技术知识图谱。

三 中国金融科技燃（FIRE）指数

（一）总指数

课题组根据各个城市总得分，将全部被考察城市分为五个梯队，其中得分8分及以上的城市为第一梯队，共计3个，占样本总数约5%，得分7—8分的为第二梯队，共计5个，占样本总数约8.5%，得分6—7分的为第三梯队，共计9个，占样本总数约15.3%，得分4—6分为第四梯队，共计17个，占样本总数约28.8%，得分4分以下为第五梯队，共计25个，占样本总数约42.4%。

1. 整体排名

从总指数的城市排名来看（如表3-1），北京、上海、深圳位居前三。北京凭借其在要素基础、智力支撑和企业实力三个领域的绝对优势位居考察城市首位，且总指数得分遥遥领先。上海在智力支撑、资源环境和企业实力三个领域的表现突出，综合排名位居第二。深圳在资源环境和企业实力两个方面表现较为突出，综合排名位居第三。

表3-1　中国金融科技燃（FIRE）指数50强城市

城市	总排名	总得分	要素基础	智力支撑	资源环境	企业实力
北京	1	9.105	7.489	10.000	7.928	10.000
上海	2	8.657	6.974	8.847	9.288	8.790
深圳	3	8.221	6.439	8.594	7.889	8.954
杭州	4	7.973	7.189	8.582	7.831	7.976
广州	5	7.682	7.062	8.636	6.928	7.803
南京	6	7.352	5.895	8.665	7.485	6.943
武汉	7	7.175	6.171	8.107	7.849	6.458
成都	8	7.108	6.956	8.041	7.239	6.414
苏州	9	6.628	5.181	6.562	6.875	7.118
西安	10	6.520	6.001	7.995	6.946	5.386
天津	11	6.281	5.729	7.827	5.522	5.956
合肥	12	6.265	5.756	7.718	5.949	5.672
重庆	13	6.173	6.960	7.388	5.074	5.753
长沙	14	6.099	6.334	7.013	5.940	5.458
济南	15	6.077	5.505	7.376	5.252	5.983
厦门	16	6.031	5.885	6.737	6.034	5.587
郑州	17	6.020	5.877	6.820	6.755	4.986
青岛	18	5.506	5.552	5.678	6.688	4.520
贵阳	19	5.443	4.862	5.982	7.130	4.102
福州	20	5.435	5.350	6.811	4.912	4.862
无锡	21	5.423	4.837	5.741	5.425	5.445
东莞	22	5.291	4.477	6.053	5.184	5.173
宁波	23	5.009	5.943	3.132	6.169	5.121
南昌	24	4.743	4.856	6.154	4.493	3.865
大连	25	4.737	4.648	6.053	4.600	3.934
温州	26	4.717	5.433	6.215	4.511	3.488
常州	27	4.707	4.346	6.047	4.754	3.871
沈阳	28	4.632	4.484	5.605	4.448	4.133

续表

城市	总排名	总得分	要素基础	智力支撑	资源环境	企业实力
哈尔滨	29	4.434	4.671	6.181	3.883	3.477
佛山	30	4.351	5.604	3.171	5.011	4.184
昆明	31	4.323	4.837	5.524	4.006	3.470
石家庄	32	4.266	5.306	6.029	3.483	3.120
泉州	33	4.206	4.797	5.884	3.570	3.210
南宁	34	4.021	4.805	5.227	3.601	3.124
长春	35	3.966	3.678	5.435	3.822	3.144
南通	36	3.826	4.401	3.228	4.418	3.585
海口	37	3.740	4.613	4.694	3.402	2.926
烟台	38	3.700	4.335	5.250	3.704	2.317
嘉兴	39	3.651	4.444	2.600	4.093	3.746
太原	40	3.638	4.525	4.759	3.124	2.825
兰州	41	3.554	4.192	4.891	3.232	2.555
洛阳	42	3.429	4.713	4.299	3.196	2.425
乌鲁木齐	43	3.418	4.424	3.832	3.056	2.949
扬州	44	3.321	4.218	3.127	3.571	2.897
银川	45	3.229	3.613	3.216	3.085	3.177
金华	46	3.126	4.475	1.966	4.024	2.736
绍兴	47	3.056	4.381	2.189	3.626	2.700
潍坊	48	3.032	3.842	4.108	3.196	1.799
徐州	49	2.918	4.536	2.064	3.231	2.612
台州	50	2.853	3.896	2.226	4.018	2.020

数据来源：中国社会科学院金融研究所金融科技课题组测算。

紧随其后的杭州和广州分列第四名和第五名，指数数值非常接近，杭州在资源环境方面优于广州，广州则在智力支撑方面具有较为明显的优势。位居6—10位的城市分别是南京、武汉、成都、苏州和西安。其中，南京在智力支撑领域,尤其是高校科研方面的实力较强,但要素基础领域表现一般;武汉在资源环境领域以及智力支撑领域中的高校科研方面有一定优势;成都在四个领域中表现较为平均,相对而言要素基础和资源环境表现较为突出;苏州则在企业实力方面具有明显优势,但要素基础方面较弱;西安在资源环境和智力支撑方面具有比较优势,企业实力则相对较弱。

2. 空间分布

从总指数在东、中、西和东北四个区域的分布情况来看(图3-1),东部具有绝对的领先优势。总指数排名位于第一、二梯队的城市中,东部区域占据6个席位,中部区域和西部区域分别占据1个席位。在第三梯队的城市中,东、中、西部城市分别占据4个、3个和2个席位。

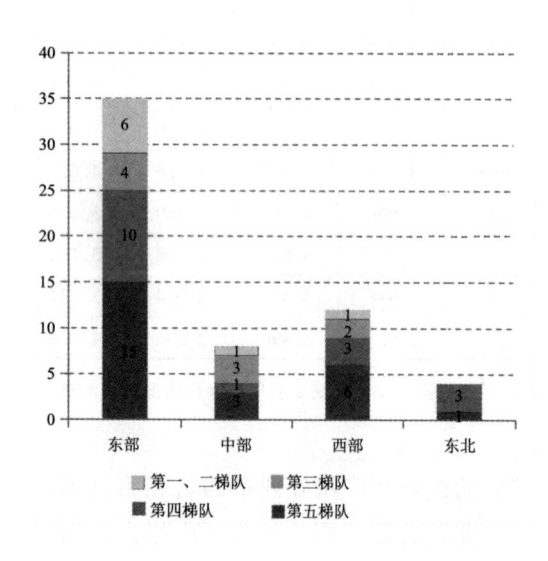

图3-1 总指数排名在四大区域的分布情况

数据来源:中国社会科学院金融研究所金融科技课题组测算。

从南北差异来看,在城市排名上南北差距明显(图3-2)。在总指数排名位于第一、二梯队的城市中,南部地区占据7个席位,北部地区占据1个席位。在总指数排名位于第三梯队的城市中,南部和北部情况相当,分别占据5个和4个席位。

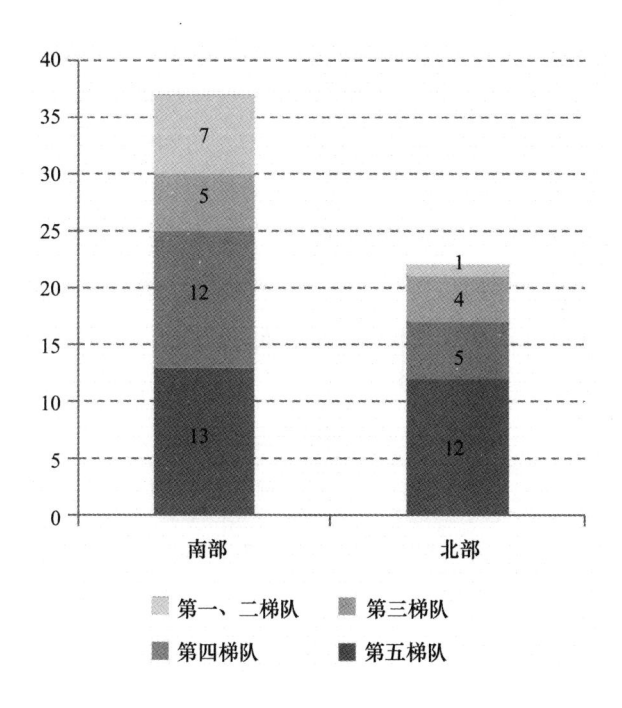

图3-2 总指数排名在南部、北部的分布情况

数据来源:中国社会科学院金融研究所金融科技课题组测算。

从城市群分布来看,长三角城市群表现较为突出。在总指数排名位于第一、二梯队的城市中,长三角城市群有3个城市上榜,分别是排名第2、4、6位的上海、杭州和南京。粤港澳大湾区占据两个席位,分别是第3位和第5位的深圳和广州。其余席位则由京津冀城市群、长江中游城市群和成渝城市群中的城市平分。

（二）四大分项指数

1. 要素基础

要素基础分指数排名情况如表3-2所示。北京在经济和人口方面均具有明显优势，位居第一。杭州凭借其在人口红利，尤其是人口增速方面的优势，位居第二。广州在要素基础方面与总指数排名结果基本一致，上海由于人口增速原因，分领域排名降至第4位。重庆凭借其在人口红利方面的绝对优势跻身前五。成都、深圳、长沙、武汉和西安位居第6—10位，其中长沙由于在经济增速和人口增速方面的巨大潜力，跻身前十。

表3-2　　　　要素基础分指数下各维度排名

	经济基础	人口基础	分指数	总指数
北京	1	3	1	1
杭州	8	2	2	4
广州	3	4	3	5
上海	2	6	4	2
重庆	18	1	5	13
成都	4	5	6	8
深圳	6	9	7	3
长沙	9	10	8	14
武汉	7	15	9	7
西安	12	13	10	10

注：经济基础包含经济规模、经济增速和第三产业占比三方面因素，人口基础包含人口规模、人口增速和人口结构三方面因素。

数据来源：中国社会科学院金融研究所金融科技课题组测算。

从要素基础分指数的空间分布情况来看，中部、西部与东部依然存在差距（图3-3）。要素指数排名位于第一、二梯队的城市中，东部、中部和西部分别占据5个、1个和2个席位。从南北差异来看，南部城市表现优于北部城市（图3-4）。在进入第一、二梯队的城市中，南部地区占据7个席位，北部城市中仅北京入围。在进入第三梯队的城市中，南部和北部分别占据6个和3个席位。从城市群分布来看，在进入第一、二梯队的城市中，长三角城市群、粤港澳大湾区和成渝城市群各占据2个席位，京津冀城市群和长江中游城市群各占据1个席位。

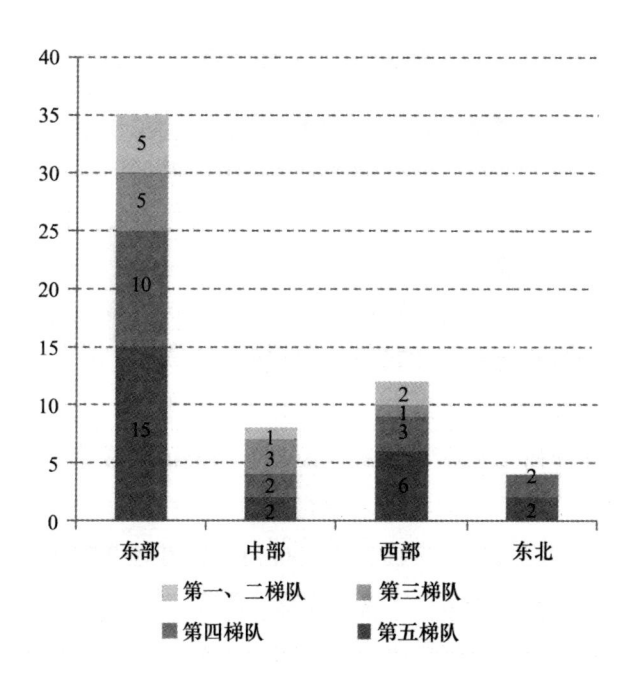

图3-3 要素基础分指数排名在四大区域的分布情况

数据来源：中国社会科学院金融研究所金融科技课题组测算。

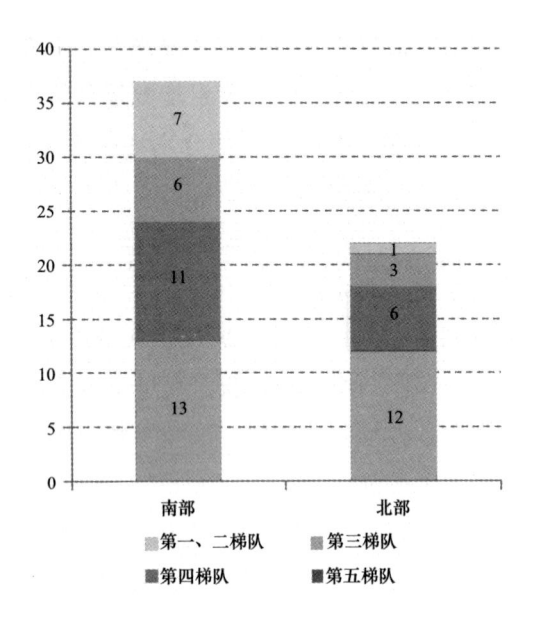

图 3-4　要素基础分指数排名在南部、北部的分布情况

数据来源：中国社会科学院金融研究所金融科技课题组测算。

2. 智力支撑

智力支撑分指数排名情况如表 3-3 所示。北京在企业科研和高校科研两方面均具有绝对优势，位列第一。上海、南京、广州和深圳紧随其后，位列 2—5 位。其中，上海和南京分别在企业研发和高校科研方面具有明显的比较优势，广州在高校和企业两方面实力表现相当，深圳在企业研发方面优势明显，但高校科研方面较弱。杭州凭借其较强的企业和高校科研实力位列第 6。武汉、成都、西安分列第 7—9 位。其中，武汉、西安高校科研实力较强，但企业研发实力相对处于弱势。天津凭借其较强的高校科研实力跻身前十。

表3-3　　　　　智力支撑分指数下各维度排名

	企业研发	高校科研	分指数	总指数
北京	1	1	1	1
上海	3	7	2	2
南京	6	2	3	6
广州	5	3	4	5
深圳	2	13	5	3
杭州	4	6	6	4
武汉	10	5	7	7
成都	8	9	8	8
西安	13	4	9	10
天津	12	8	10	11

注：企业研发衡量了当地金融科技企业的智力贡献，包含城市内企业研发人员总数和有专利转让许可企业研发人员总数两个方面；高校科研衡量了当地高校对于金融科技发展的智力贡献，代理变量为本地高校的专利数量。数据来源为中国社会科学院金融研究所金融科技课题组测算。

从智力支撑分指数的空间分布情况来看，东部地区的城市依然领先于其他三个地区（图3-5）。智力支撑排名位于第一、二梯队的城市中，东部、中部、西部分别占据6个、1个和1个席位，在进入第三梯队的城市中，东部、中部、西部、分别占据4个、3个和2个席位。从南北差异来看，南部城市优势依然明显（图3-6）。智力支撑分指数排名位于第一、二梯队的城市中，南部和北部分别占据7个和1个席位，在进入第三梯队的城市中，南部和北部分别占据5个和4个席位。从城市群分布来看，长三角城市群中城市有3个进入前两个梯队，粤港澳大湾区有2个城市进入第一、二梯队，京津冀城市群、成渝城市群和长江中游城市群中各有1个城市进入第一、二梯队。

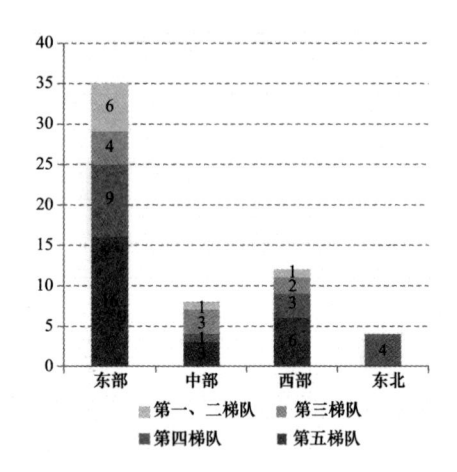

图 3-5　智力支撑分指数排名在四大区域的分布情况

数据来源：中国社会科学院金融研究所金融科技课题组测算。

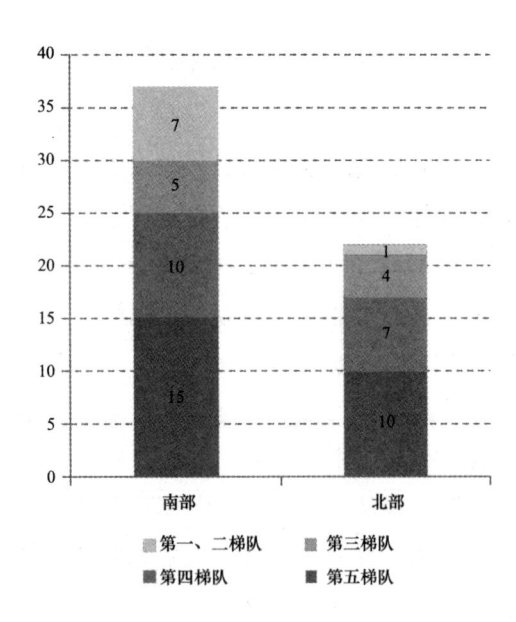

图 3-6　智力支撑分指数排名在南部、北部的分布情况

数据来源：中国社会科学院金融研究所金融科技课题组测算。

3. 资源环境

资源环境分指数排名情况如表3-4所示。上海凭借其在政策资源、网络资源和金融资源方面的优势占据首位。北京、深圳虽在政策资源方面处于相对弱势，但其他两方面表现亮眼，分列第2—3位。武汉三方面排名均较为靠前，位列第4位。杭州在网络资源和金融资源方面优势明显，南京在政策资源和金融资源方面具有一定优势，两城市分列第5、6位。成都、贵阳和西安分别具有自己的优势和弱势，位居第7—9位。广州在三方面表现均不弱，跻身前十。

表3-4　　　　　　资源环境分指数下各维度排名

	政策资源	网络资源	金融资源	分指数	总指数
上海	1	2	2	1	2
北京	12	1	5	2	1
深圳	10	3	3	3	3
武汉	5	7	9	4	7
杭州	15	4	1	5	4
南京	7	10	4	6	6
成都	4	8	20	7	8
贵阳	3	6	30	8	19
西安	2	14	25	9	10
广州	16	5	7	10	5

注：政策资源主要衡量了当地政府对金融科技发展的支持力度，包括城市内孵化器数量以及当地监管和营商环境；网络资源衡量了当地金融科技发展的网络关注度；金融资源衡量了当地普惠金融发展程度。数据来源为中国社会科学院金融研究所金融科技课题组测算。

从资源环境分指数的空间分布情况来看，东部城市仍具有明显优势（图3-7）。在资源环境排名位于第一、二梯队的城市中，东部占据5个席位，中部和西部分别占据1个和2个席位。在进入第三梯队的城市中，东部和中部分别占据6个和3个席位。从南北差异来看，南部城市表现仍优于北部城市（图3-8）。其中资源环境分指数排名位于第一、二梯队的城市中，南部和北部分别占据6个和2个席位，在进入第三梯队的城市中，南部和北部分别占据6个和3个席位。从城市群分布来看，长三角城市群中进入第一、二梯队的城市依然最多，有3个城市入围，京津冀城市群、粤港澳大湾区、长江中游城市群、成渝城市群和黔中城市群中各有1个城市进入第一、二梯队。特别的，长三角城市群在金融资源方面优势明显，在该指标下排名前17的城市中占据10个席位。

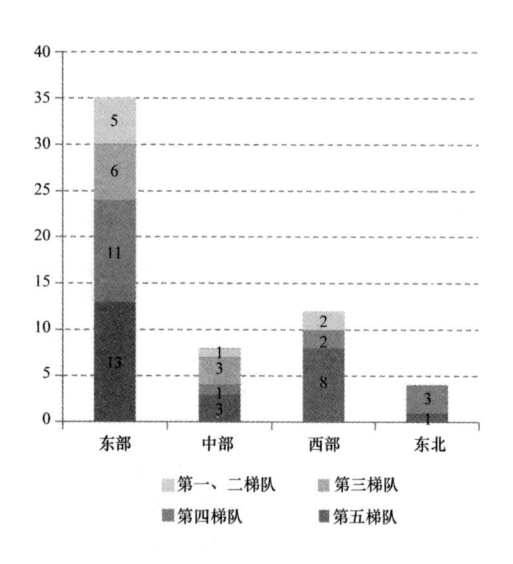

图3-7 资源环境分指数排名在四大区域的分布情况

数据来源：中国社会科学院金融研究所金融科技课题组测算。

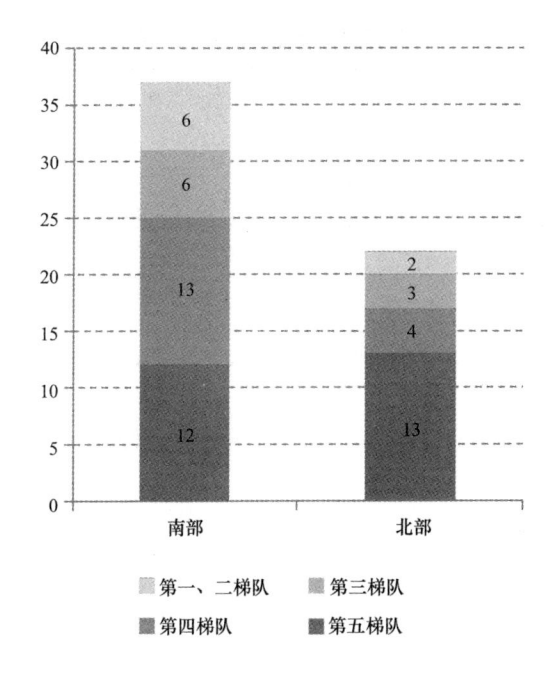

图 3-8 资源环境分指数排名在南部、北部的分布情况

数据来源：中国社会科学院金融研究所金融科技课题组测算。

4. 企业实力

企业实力分指数排名情况如表 3-5 所示。北京在企业数量和企业质量方面均具有绝对优势，位居首位。深圳和上海在企业数量和企业质量方面各具优势，分居第 2 位和第 3 位。杭州在企业实力两方面均具有一定优势，位居第 4 位。广州、苏州、南京、武汉、成都和济南位列榜单的第 5—10 位。

从企业实力分指数的空间分布情况来看，东部城市具有绝对优势（图 3-9）。在企业实力排名位于第一、二梯队的城市中，东部占据 7 个席位，中部占据 1 个席位。在排名位

表3-5　　　　企业实力分指数下各维度排名

	金融科技企业数量	金融科技企业质量	分指数	总指数
北京	1	1	1	1
深圳	2	3	2	3
上海	3	2	3	2
杭州	4	4	4	4
广州	5	5	5	5
苏州	6	6	6	9
南京	7	7	7	6
武汉	9	8	8	7
成都	8	9	9	8
济南	13	10	10	15

注：金融科技企业数量指标从城市内金融科技企业数量、投融资次数以及专利申请等角度衡量了金融科技产业相关企业在当地的密集程度，企业质量则进一步考察了城市内优质金融科技企业的密集程度。数据来源为中国社会科学院金融研究所金融科技课题组测算。

于第三梯队的9个城市中，东部占据4个席位，中部和西部分别占据2个和3个席位。从南北差异来看，南部城市优势依然明显（图3-10）。在企业实力分指数排名位于第一、二梯队的城市中，南部和北部分别占据7个和1个席位，在进入第三梯队的城市中，南部和北部分别占据6个和3个席位。从城市群分布来看，长三角城市群依然在第一、二梯队城市中占比较多，占据4个席位。

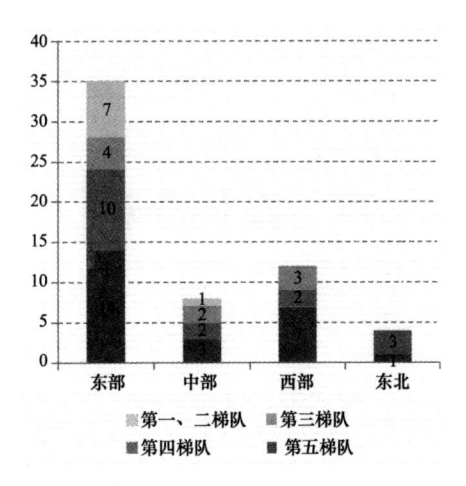

图 3-9　企业实力分指数排名在四大区域的分布情况

数据来源：中国社会科学院金融研究所金融科技课题组测算。

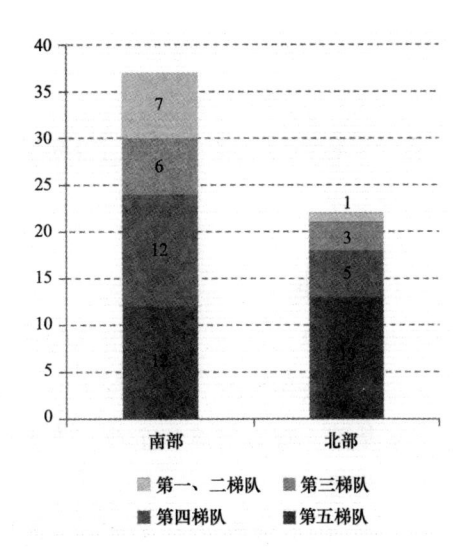

图 3-10　企业实力分指数排名在南部、北部的分布情况

数据来源：中国社会科学院金融研究所金融科技课题组测算。

四 案例分析

在完成对被考察城市的总体评估后,为充分比对各城市间的差异,衡量不同城市在各个细分维度上的发展程度,充分探讨归属不同梯队的城市之间在金融科技发展水平方面具有的显著差异。同一梯队内部城市金融科技发展水平总体相差不大,但也各具特色,课题组从不同梯队中选取了部分城市进行案例分析。

(一) 第一梯队:北京、上海和深圳

1. 北京

北京在本报告中总排名第一,且在各个一级指标排名中,除了资源环境排名第二位外,其余指标均排名第一,反映出北京成为在金融科技领域综合优势较为突出和领先的城市,在相关的要素基础、智力支撑和企业实力方面均领先全国,具有一定的示范效应。

事实上,北京市 2018 年发布了《北京市促进金融科技发展规划 (2018—2022 年)》,提出到 2022 年年底,涌现 5—10 家国际知名的金融科技领军企业,形成 3—5 个具有国际影响力的创新集群,开展 10—15 个重大示范应用项目。

目前看来，北京在金融科技方面的发展已初见成效，特别是在与金融科技密切相关的智力支撑和企业实力两个方面的各三级指标上也排名第一，体现出其在金融科技产业链的供给端和需求端均有较好的发展，形成了创新驱动研发，研发形成技术，技术赋能场景的良好生态。

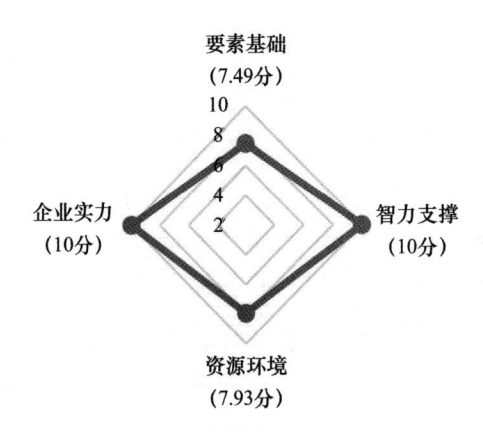

图 4-1 北京燃指数一级指标得分分布

2. 上海

上海在本报告中总排名第二，各个一级指标中，资源环境因素优势较为突出，排名全国第一，要素基础与企业实力也居于全国前列，分别排名第二和第三，智力支撑在第一梯队里相对不高，排名全国第五。综合看来，上海市相关的金融市场功能相对完备，体系健全，是传统的国际金融中心，金融机构和要素集聚效应明显，以需求端应用场景为驱动的金融科技发展别具特色。

2020 年年初，上海出台了加快推进上海金融科技中心建设的实施方案，从金融科技关键技术研发、促进金融科技产

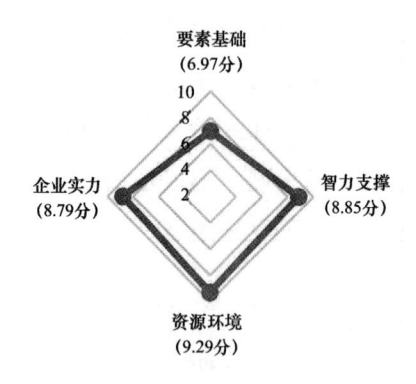

图 4-2　上海燃指数一级指标得分分布

业集聚、推进金融科技监管创新试点和营造一流金融科技发展环境四个方面加快金融科技的发展。当前，上海市的金融科技产业发展特色较为明显，在三级指标中，上海市的营商环境排名第一，普惠金融、金融科技企业总数、投融资次数以及头部资本领投的融资次数等指标排名第二，极为鲜明地体现出上海市较好的市场化氛围和完善的金融基础设施，当地的金融机构也受到资本青睐。相比之下，上海市在智力支撑方面，特别是来自高校的专利数据排名略低，在全国居于第七位，显示出金融科技相关的基础研发还有待加强。

3. 深圳

深圳在本报告中总排名第三，企业实力排名超过了上海，排名第二，资源环境和智力支撑分别排名第三。总的来说，全国总排名前三位的城市中，深圳在人口规模等方面并不具备较强实力，但大量的科技企业带来的智力集聚效应明显，大量优秀的企业研发人员和优质的企业研发成果对深圳金融科技产业发展具有巨大的推动作用，反映出深圳金融科技在技术创新等能力处于领先位置，科技创新企业密集活跃，科研成果转化率较高。

2020年年中，深圳市为扎实推进落实央行等四部门发布的《关于金融支持粤港澳大湾区建设的意见》，联合各部门制定了《深圳市贯彻落实行动方案》，并提出了要建设两类金融中心，即全球金融科技中心和全球可持续金融中心。近年来，包括央行数字货币研究所金融科技研究院、未来金融监管科技研究院、全国唯一的市场化个人征信公司百行征信等一批金融科技重要机构落户深圳，深圳在金融科技相关技术与基础设施方面表现突出。这一点也可以从三级指标数据看到，深圳在企业实力方面表现强劲，特别值得一提的是，深圳市在金融科技企业数量和投融资次数等均不及上海的情况下，凭借较高的企业专利数量实现了反超。与上海类似，深圳在高校研发方面排名不高，排名全国第13位。

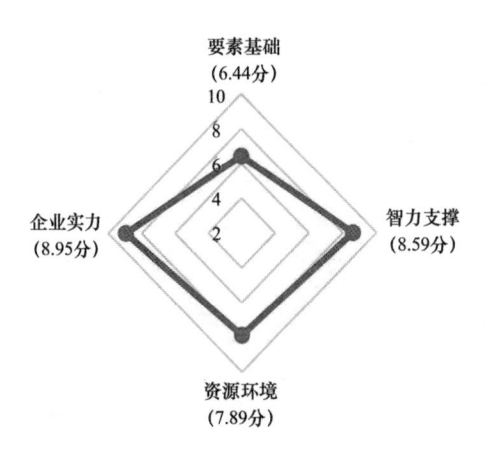

图4-3 深圳燃指数一级指标得分分布

总的看来，第一梯队的前三名各具特色，北京由于规划早，监管、高校、互联网和金融机构总部等各类要素集聚，在各方面均形成了一定的先发优势；上海和深圳各有特点，分别依赖丰富的金融机构和众多的科技分司跻身前列。

（二）第二梯队：杭州、广州和成都

1. 杭州

杭州在本报告中位列第四，领跑第二梯队，要素基础排名较上海和深圳更高，排名第二，企业实力与其总排名相当，同样位居第四，资源环境排名第五，智力支撑排名第六。杭州市作为新一线城市之一，数字经济发展成绩有目共睹，吸引了大量人口流入，同时，杭州作为蚂蚁集团、恒生电子等新兴大型金融科技企业所在地，相关企业研发和专业人才规模都稳居全国前列。

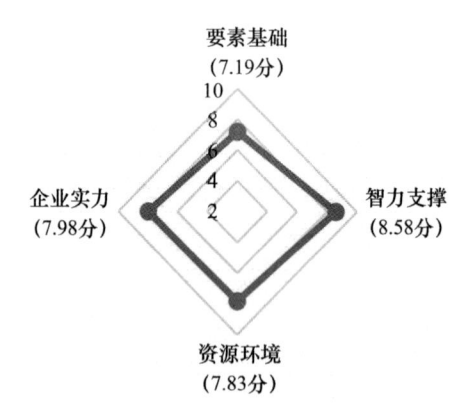

图4-4 杭州燃指数一级指标得分分布

杭州市在 2019 年 5 月便发布了《杭州国际金融科技中心建设专项规划》，从金融科技相关研发创新、基础设施、产业应用和政策支持等多个方面打造"中国金融科技引领城市"和全球金融科技应用与创新中心。从三级指标来看，规划落地效果较为显著，一方面，普惠金融发展程度高居全国第一，反映出金融基础设施水平和金融触达程度均有较大优势，这既是金融科技发展的结果，也是金融科技向更高水平发展的基础；另一方面，企业研发人员和企业专利总数排名较高，投融资活动相关指标也与总排名相当，反映出当地科技应用方面的成果较多，资本市场对此也极为关注，形成了一定的金融科技相关要素集聚效应。与此同时，杭州市在孵化器数量指标方面排名较低，拖累了"资源环境"分项排名，指数显示出当地金融科技产业已经具备相当规模，形成了一定门槛，后续要更加注重初创企业的扶持和引导，使产业形成有序竞争。

2. 广州

广州在本报告中排名第五，其要素基础和智力支撑分别位于第三、第四，高于其总排名，企业实力与其排名相当，位于第五名，但其资源环境一级指标排名相对较低，位于第十位，分项排名跌出了第二梯队。广州作为传统一线城市，拥有较好的经济基础，是珠三角和粤港澳大湾区发展的重要构成。广州市在金融科技产业发展方面也具备相当的优势，企业相关的分项指标位居前列，其高校研发的指标排名更是全国第三，显示极强的发展劲头。

早在 2018 年 10 月，广州市金融局便印发了《广州市关于促进金融科技创新发展的实施意见》，鼓励金融机构与科技类企业加强合作，搭建不同金融业务场景，在产业金融和

要素基础
(7.06分)

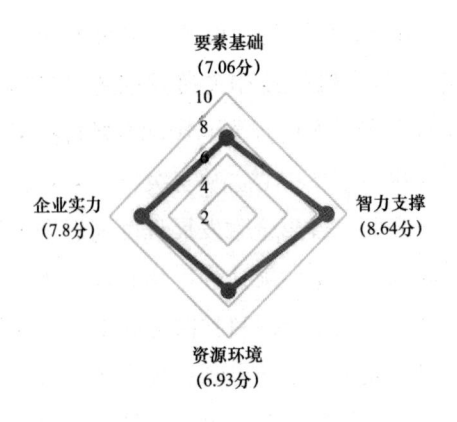

智力支撑
(8.64分)

资源环境
(6.93分)

企业实力
(7.8分)

图 4-5 广州燃指数一级指标得分分布

绿色金融等各金融领域形成特色金融科技模式，2020年10月，落地广州的我国第五家期货交易所筹备工作也进入了实质阶段，碳排放将是第一个品种，反映出广州在金融科技发展过程中创新性突出，研发实力较为雄厚。三级指标中，广州市高新企业数量和来自高校的专利数量分别排名第二位和第三位，也验证了其研发和创新基础较好的观察结论。与杭州类似，广州在孵化器数量方面排名较为靠后，创业氛围有待加强。

3. 成都

成都在本报告中排名第八，位于第二梯队最末，是本次排名中唯一一个进入前两个梯队的西部城市，其总得分离第七名不远，比第九名提高较多。成都的要素基础和资源环境分别排名第六和第七，高于其总排名，智力支撑排名第八，企业实力排名第九。作为西部排名第一的城市，成都的金融科技产业发展方面得益于其经济人口规模和政府资源投入，另外也有赖于金融科技企业数量的增多和质量的提升。

要素基础
(6.96分)

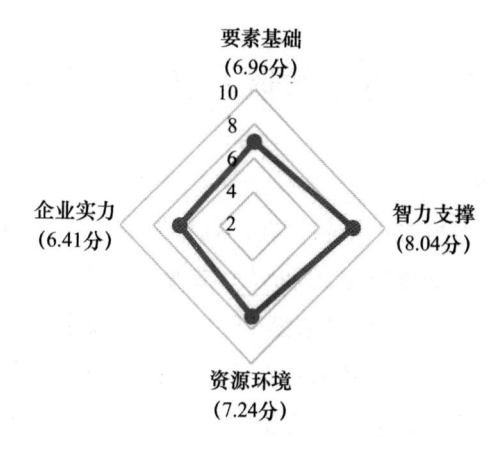

企业实力
(6.41分)

智力支撑
(8.04分)

资源环境
(7.24分)

图 4-6　成都燃指数一级指标得分分布

2020年5月，成都市人民政府联合中国人民银行成都分行出台了全国首个由地方政府和中国人民银行共同发布实施的金融科技发展规划，提出到2022年把成都建设成为具有国际影响力的区域金融科技中心。联合监管机构发布金融科技的建设规划，体现出成都在营造行业生态和加强监管效率方面的独具匠心。三级指标中，成都在孵化器数量方面排名第五，高新企业数排名第七，累计专利数排名第七，反映出当地金融科技产业既有蓬勃发展的生机，也有高速发展的动力。然而，成都市的普惠金融程度和C轮以上融资轮次等分项指标排名靠后，显示成都当地的金融科技企业发展阶段还相对靠前，金融基础设施还需要进一步加强。

（三）第三梯队：苏州、郑州

1. 苏州

苏州在本报告中排名第九，位于第三梯队之首。一级指标中，苏州市的要素基础和智力支撑均不高，分居第23位和第18位，资源环境排名第11位，与总排名相差不大，但企业实力不容小觑，排名第6位，紧跟广州。苏州工业总量已经超越上海，是我国工业第一市，也是中国制造业体系最完备的城市之一，经济发展基础良好，当前，小微企业数字征信实验区、数字货币、金融科技创新监管三大国家战略试点同期汇聚苏州，反映出苏州在金融科技产业发展方面具有巨大的潜力和优势，行业生态初具规模。

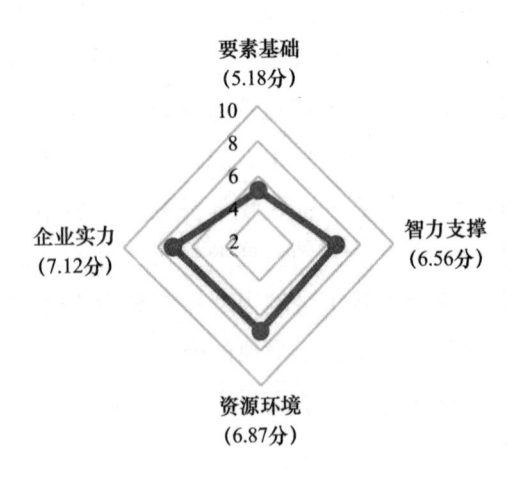

图4-7 苏州燃指数一级指标得分分布

苏州在各三级指标排名中，与金融科技企业相关的指标排名均相对较高或相当于总排名，如其 C 轮融资轮次、头部资本领投次数和金融科技企业发明专利总数均排名第六，企业研发人员数量排名第七，再次印证了传统工业强市在新兴赛道上的雄厚实力。拖累苏州市总排名的指标主要是经济和人口增速、第三产业占比以及来自高校的专利数量等，考虑到苏州长期以来较高的工业占比，其基本经济格局短期内难以发生较大变化，苏州未来可以加强对于金融科技相关人才的引入，支持区内高校在金融科技相关基础理论和重大项目上的投入，促进科研成果的高效转化。

2. 郑州

郑州在本报告中总排名第 17 位，是第三梯队中的最末一位，一级指标中要素基础和智力支撑与其排名相当，分别位于全国第 14 位和第 15 位，资源环境优势在第三梯队中较为突出，居于全国第 12 位，孵化器数量表现亮眼，而企业实力表现不如综合排名，位于全国第 20 位。郑州资源环境与企业实力的不同情况反映出其政策驱动下的金融科技产业已经实现初步发展，但是在初创企业成长和吸引 VC/PE 等风险投资方面还有提升空间。

2019 年，郑州印发了《郑州市科技企业孵化器管理办法》，响应其打造具有国际竞争力的中原创新创业中心的发展目标，通过有效的政策支持，提升以孵化器为代表的孵化培育体系能力。本报告观察到郑州在三级指标"孵化器数量"一项排名高居全国第 2 名，可以推断相关政策对创新创业载体在郑州的落地具有极大的推动作用。在企业质量项下，郑州市金融科技企业专利申请总量排名全国前十，但 C 轮（含）以上融资轮次和头部资本领投的投融资次数分别居于第 30 名和第 21 名，一方面体现出现有资本市场对郑州当地的金融科技企业仍然处于认知逐步提升阶段；另一方面也要求郑州尤为需要在资本吸引方面着重发力，提升区域内金融科技企业与资本市场，特别是股权投资市场的衔接流畅程度，充分发挥利益共享、风险共担的特有激励机制，进一步推动当地金融科技产业的发展。

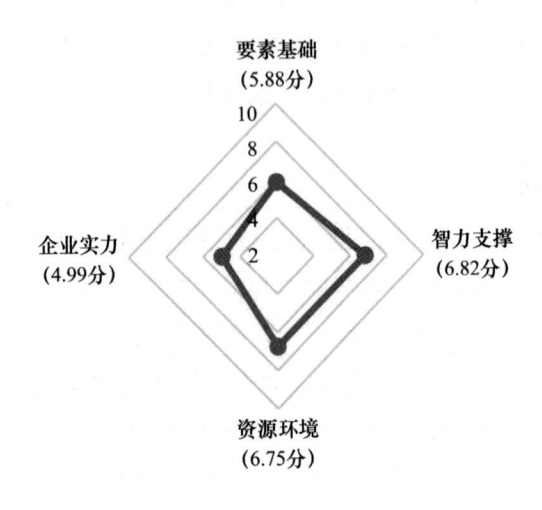

图 4-8 郑州燃指数一级指标得分分布

（四）第四梯队：贵阳、佛山

1. 贵阳

贵阳在本报告排名第 19 位，仅次于青岛，一级指标中要素基础、智力支撑和企业实力分列第 24 位、第 26 位和第 25 位，均低于其总排名，但各自相差不大。值得注意的是，由于依托国家大数据中心地位及享受到的国家优惠政策，贵阳的资源环境分数排在第 8 位。贵阳市地处西南，是贵州省的政治、经济、文化、科教、交通中心，也是西南地区重要的交通、通信枢纽、工业基地及商贸旅游服务中心。通过二级指标来看，政策资源、网络资源分别排在第3位、第6位，是促使其资源环境指标排名靠前的主要原因。

贵阳市近年来常与金融科技同时见诸媒体，主要在于当地的大数据产业发展较好。贵阳作为国家大数据的综合试验区，在大数据产业相关的建设发展方面取得了较好的成绩，此外，贵阳市加强了大数据产业的制度建设和人才培养机制，包括全国首部大数据安全领域的地方性法规《贵州省大数据安全保障条例》和《贵州省工程系列大数据专业技术职务任职资格申报评审条件（试行）》等文件。此外，三级指标显示，贵阳市内C轮以上融资轮次排名第18位，显著高于其总排名，反映于贵阳市的金融科技企业发展已具备一定规模，相关产业链趋于稳定。

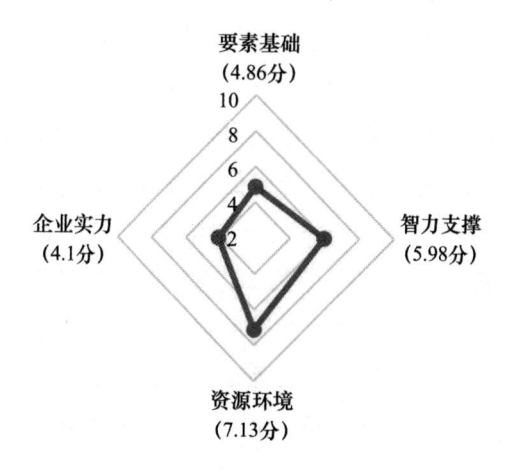

图 4-9 贵阳燃指数一级指标得分分布

2. 佛山

佛山在本报告中排名第 30 位，位于 59 个城市排名的中部，一级指标中要素基础、资源环境和企业实力分别排名全国第 17 位、第 23 位和第 23 位，均高于其总排名，而智力支撑部分位于全国第 43 位，显著低于其总排名，单项几乎跌出第四梯队。二级指标中，佛山市的企业研发人员数量排名第 27 位，与其总排名相当，但高校研发排名位于第 44 位，是影响智力支撑分项排名的主要原因。佛山是中国乃至全球重要的制造业基地，是国内第 17 个 GDP 超万亿级城市，经济活跃，企业自身生产经营需求驱动的研发具有较高的水准。本报告展示的佛山在高校研发方面的短板一方面是由于当地缺少顶尖水平的科研院所，另一方面也显示出现有科研院所在基础理论和核心技术的研发方面后继乏力。

2011 年以来，佛山就以金融、科技、产业"三链融合"为发展战略，出台多项促进科技和金融结合的政策措施，支持产业转型发展。"十三五"期间，佛山在积极引导金融资源向科技领域配置，推动科技成果转化和新兴产业发展方面也颇有成效。本报告显示，佛山的金融科技企业数量和金融科技企业发明专利总数均排名全国第 23 位，金融科技企业中高新企业数量则位于全国第 20 位，相关排名较好地反映了佛山市金融、科技、产业融合的成效。未来，佛山若能够充分发挥本地研究力量，引入外部科研团队，加强金融科技相关的基础研究，形成科研、金融、科技和产业的四方融合生态，当地金融科技发展的水平和质量都将有进一步的提升。

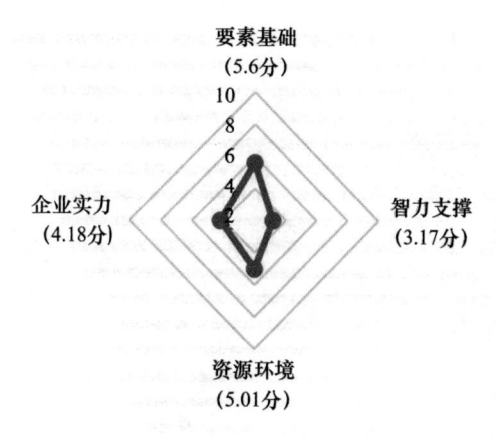

图 4-10　佛山燃指数一级指标得分分布

（五）第五梯队

本报告的第五梯队共计 25 个城市，占总数的 42.4%，但各个城市总体金融科技发展水平不高，需要从各方面加强相关建设。此外，由于梯队内部的城市影响因素各异，本报告不再一一分析。

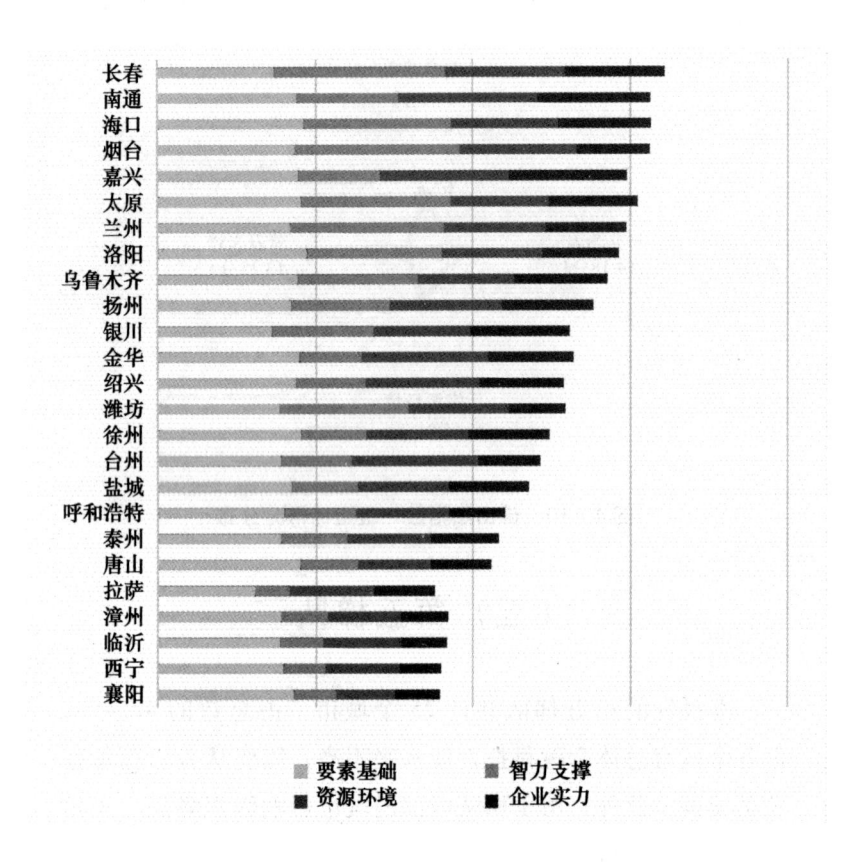

图 4-11 第五梯队城市燃指数一级指标得分情况概览

五 金融科技的城市和产业链分布特征

本报告从广义层面定义了金融科技，既包括科技企业从事的金融服务，也包括传统金融机构采用的先进科技。根据六棱镜全球专利投融资情报系统（专栏5）的赛道名称，本报告选出与金融科技相关的云计算、区块链、大数据、机器学习、互联网平台、智慧金融、货币金融服务等25个赛道。同时，以"底层技术研发—科技融合输出—金融场景建设"为链条，界定金融科技企业在金融科技产业链上的相对位置。比如，本报告将提供大数据、区块链、云计算技术企业划分为金融科技产业链的上游企业，提供互联网安全服务的企业界定为金融科技产业链的中游企业，提供货币金融服务的企业标记为金融科技产业链的下游企业。居于金融科技产业链上游企业的科技属性最强，位于金融科技产业链下游企业的金融属性最强，而金融科技产业链中游企业的科技、金融属性均处于居中水平。

> **专栏 5**
>
> 全球专利投融资情报系统是由国家知识产权大数据产业应用研究基地(六棱镜)基于自主研发的全球科技竞合知识图谱数据库,利用大数据、人工智能、知识图谱等技术开发的科技情报商业调查工具,内核是以全球 1.3 亿条专利全生命周期数据为纽带关联整合的 4000 万家企业、1.5 万家投资机构、2300 万名发明工程师以及全量科技文献、标准统计等多源异构数据资源,通过数据融合产生的 17 亿条竞合关系图谱数据,辅助政府、园区、投资机构、银行、担保公司、保险公司、交易机构及大型企业集团,全景、穿透、科学评价科技型企业技术所处行业段位,穿透洞察专利背后的关联风险。
>
> 来源:六棱镜官网

表 5-1　　各赛道的产业链属性

产业链位置	赛道名称
底层技术研发(上游)	云计算、区块链、大数据、机器学习、深度学习、知识图谱、人机交互
科技融合输出(中游)	互联网服务、互联网平台、基础软件开发、应用软件开发、网络与信息安全软件开发、互联网安全服务、信息系统集成服务、信息处理存储服务、信息技术咨询服务
金融场景建设(下游)	智慧金融、汽车租赁、汽车金融、金融、货币金融服务、资本市场服务、物品租赁、保险

注:25 个赛道名称来自六棱镜全球专利投融资情报系统。

(一)金融科技企业分布特征

1. 金融科技企业在城市上的分布

金融科技企业数量衡量了地区金融科技供给能力。通过测算,本报告所考察的 59 个城市共有 50436 家金融科技企业。

图 5-1 显示，在金融科技燃（FIRE）指数排名前 20 的城市中，北京以 9830 家金融科技企业位列第一，上海（6577 家）、深圳（6222 家）、广州（3101 家）、杭州（2857 家）分别排在第 2—5 位，紧随其后的是成都（1937 家）、南京（1902）、苏州（1763 家）、武汉（1407 家）和天津（1356 家）。从相对量上看，北京、上海和深圳金融科技企业数目分别占到全国的 19.5%、13.0% 和 12.3%，表明这三大城市相比其他城市金融科技的供给更为充分，竞争也更为激烈。

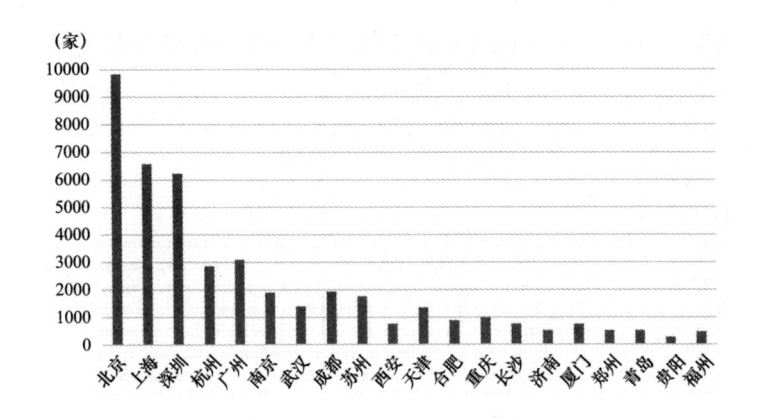

图 5-1 金融科技企业在 FT20 城市上的分布

注：FT20 城市表示金融科技燃（FIRE）指数排名前 20 的城市，下同。

数据来源：六棱镜研究院，中国社会科学院金融研究所金融科技课题组测算。

2. 金融科技企业在产业链上的分布

金融科技企业多数居于产业链中游，其次为产业链上游。经统计测算，59 个城市位于产业链上游、中游和下游的金融科技企业数量平均占比分别为 21.4%、74.2% 和 4.4%。这表明，中国金融科技企业重在科技融合输出，但新兴数字技术的基础研发创新、金融服务供给不足，这不利于提升我国金融科技企业在国际市场上的核心竞争力。

各城市金融科技企业在产业链上的分布不尽相同。图5-2显示，在金融科技燃（FIRE）指数排名前20的城市中，广州、北京、上海、苏州在产业链中游的企业占比最高，分别达到81.3%、81.1%、78.0%和77.9%；重庆、天津、西安和郑州在产业链上游的企业占比最高，分别为33.4%、33.3%、30.9%和30.0%；而深圳、上海、北京和武汉位于产业链下游的企业占比最高，分别是6.6%、6.5%、5.0%和4.8%。此外，在金融科技企业数目排名前5的城市中，仅有杭州在产业链上游的企业数量占比超过了平均值，这与杭州电子商务、数字科技发展迅猛息息相关。

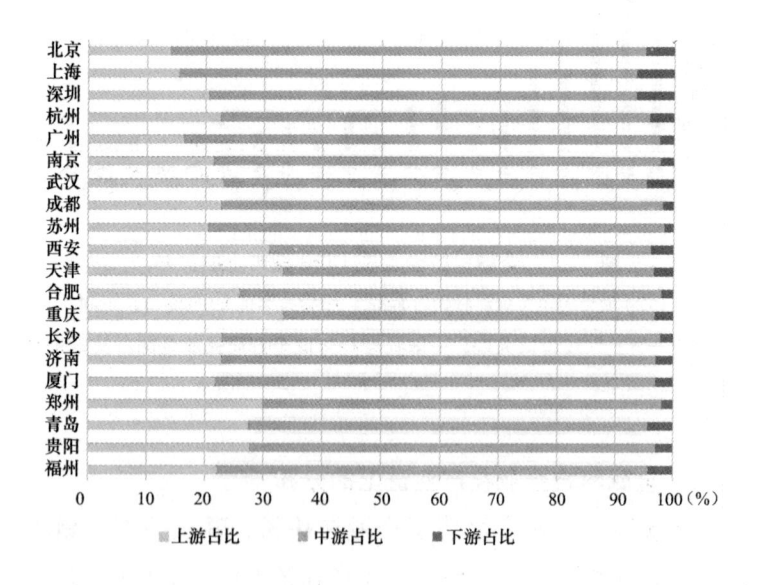

图5-2 FT20城市金融科技企业在产业链上的分布

数据来源：六棱镜研究院，中国社会科学院金融研究所金融科技课题组测算。

（二）金融科技专利分布特征

1. 金融科技专利数量及质量在城市上的分布

专利反映出金融科技企业的科技属性。本报告将59个城市各自的金融科技企业专利汇总，形成城市层面的专利数据。就专利绝对量而言，图5-3显示，北京以28.1万件专利申请量遥遥领先，深圳（14.7万件）排在第二位，上海（6.3万件）、广州（4.2万件）、杭州（3.5万件）分列第3—5位，紧随其后的是苏州（3.3万件）、成都（2.4万件）、南京（2.0万件）、济南（1.9万件）和郑州（1.8万件）。由此可见，专利申请量与金融科技企业数目两者排名前10城市重复度很高，除了济南和郑州之外，专利申请量排名前10的其他城市也在金融科技企业数目排名前10的城市名单中。

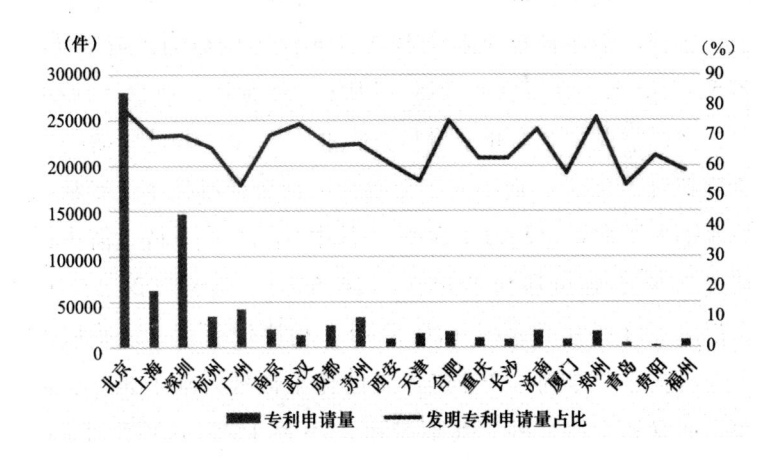

图5-3 金融科技专利数量及质量在FT20城市上的分布

数据来源：六棱镜研究院，中国社会科学院金融研究所金融科技课题组测算。

发明专利最能反映一个专利的质量。在金融科技燃（FIRE）指数排名前20的城市中，北京、郑州、合肥和武汉分别以78.9%、75.9%、74.8%和73.7%的发明专利占比位居前4位，其次是济南（71.9%）和深圳（70.0%），紧随其后的南京（69.9%）和上海（69.5%）略低于70%。在专利申请量排名前5的城市中，北京、深圳和上海专利数量和质量均明显好于广州和杭州。

2. 金融科技专利在产业链上的分布

为进一步分析金融科技企业专利的特征，本报告测算了这些企业专利申请量在产业链上的分布。总体来看，与金融科技企业分布特征相似，位于产业链中游的专利数目最多，达到了85.1%，其次为产业链上游（12.9%），最少的是产业链下游，仅为2.0%。这进一步突出表明我国金融科技企业聚焦于科技融合输出这一产业链中游的特点。

各城市金融科技企业专利在产业链上的分布差异较大。图5-4显示，在金融科技燃（FIRE）指数排名前20的城市中，济南、北京和广州金融科技企业专利在产业链中游的占比均超过了90%，而西安、无锡和天津金融科技企业专利在产业链上游的比重超过了30%，其中专利在产业链上游占比超过20%的城市还包括重庆（24.6%）、南京（24.5%）、成都（22.6%）和合肥（20.5%）。相比较而言，这些城市金融科技企业专利在产业链下游的比重极低，除了北京、深圳、武汉和上海之外，其他城市均不足1%。这再次表明，中国金融机构提供金融服务的自主新兴数字技术水平明显不足，仍有较大提升空间。

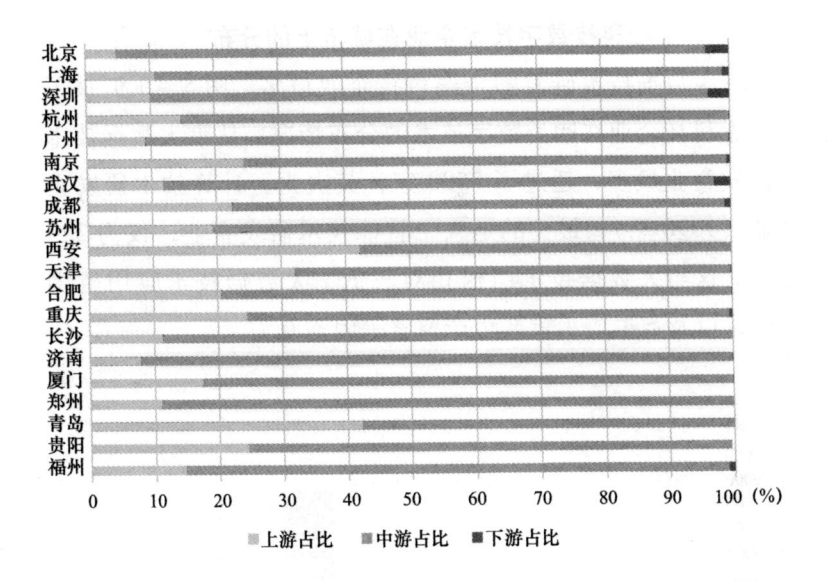

图 5-4　FT20 城市金融科技企业在产业链上的分布

数据来源：六棱镜研究院，中国社会科学院金融研究所金融科技课题组测算。

（三）金融科技数字技术分布特征

数字技术为金融科技企业改善金融服务提供了重要支撑。本报告按照六棱镜全球专利投融资情报系统赛道类型，选取了四类重要的数字技术，分别为云计算、区块链、大数据和人工智能，①重点考察了金融科技上游企业的技术分布特征。

---

① 人工智能包含机器学习、深度学习、知识图谱、人机交互等。

1. 金融科技数字技术企业在城市上的分布

大数据技术研发的金融科技企业最多。图5-5汇报了金融科技企业在四类数字技术的分布情况。从事大数据技术研发企业最多，超过了8500家，其次为云计算技术研发企业（1090家），最少的是人工智能技术研发企业，仅为323家。这与大数据技术门槛相对较低、大数据技术应用范围广，以及数据成为重要生产要素等因素有关。

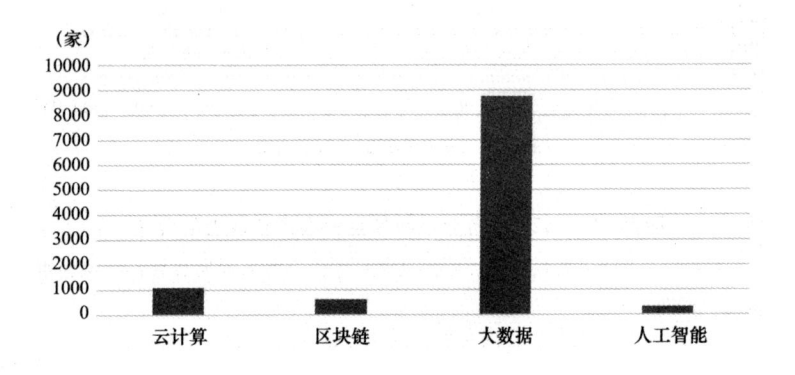

图5-5 金融科技的技术分布

数据来源：六棱镜研究院，中国社会科学院金融研究所金融科技课题组测算。

各技术的优势城市不尽相同。图5-6显示，在金融科技燃（FIRE）指数排名前20的城市中，北京、深圳、上海分别以1363家、1278家和1017家排在前三，杭州（645家）、广州（503家）和天津（452家）分列第4—6位。在细分技术层面，杭州在云计算领域的金融科技企业最多，深圳在区块链领域最多，北京在大数据、人工智能领域最多。

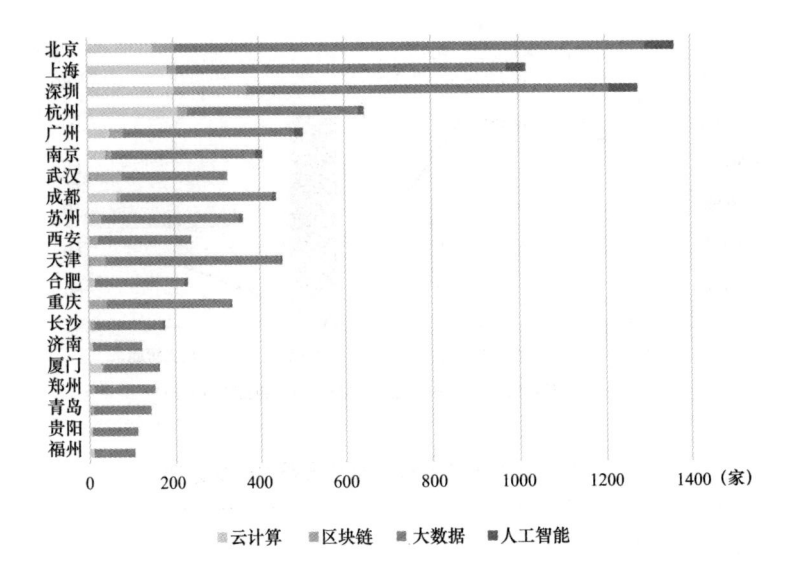

图 5-6　金融科技企业在 F20 城市上的分布

数据来源：六棱镜研究院，中国社会科学院金融研究所金融科技课题组测算。

2. 金融科技数字技术专利在城市上的分布

大数据技术专利最多，区块链专利平均质量最高。图 5-7 显示，就专利总量而言，大数据专利数超过了 10 万个，远超第二位的云计算（3318 个），区块链与人工智能专利总数较为接近，均在 1300—1400 个之间。但从专利平均质量上看，区块链技术发明专利占比最高，达到了 91.8%，其次为云计算技术专利（85.0%），而大数据技术发明专利占比最低，仅为 42.8%。

北京在云计算、区块链和人工智能技术上的专利数量均占有明显优势。图 5-8 显示，在云计算领域，北京专利数最多，达到 1298 个，其次为南京（650 个）、深圳（290 个）和上海（222 个）；在区块链领域，北京专利数依旧最多（521 个），

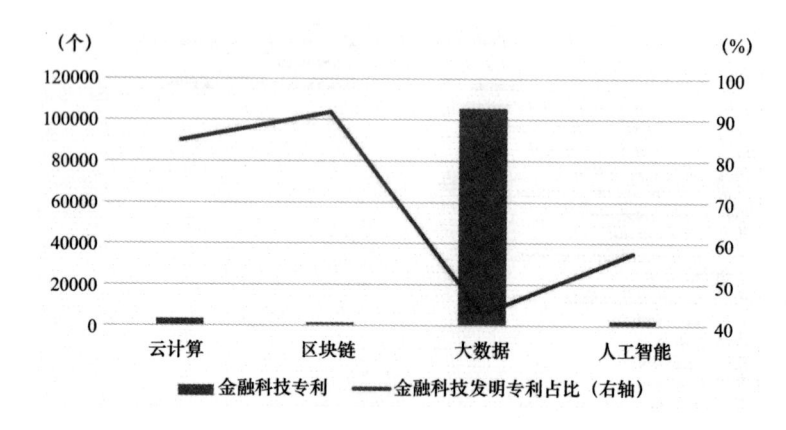

图 5-7　金融科技专利数量与质量的技术分布

数据来源：六棱镜研究院，中国社会科学院金融研究所金融科技课题组测算。

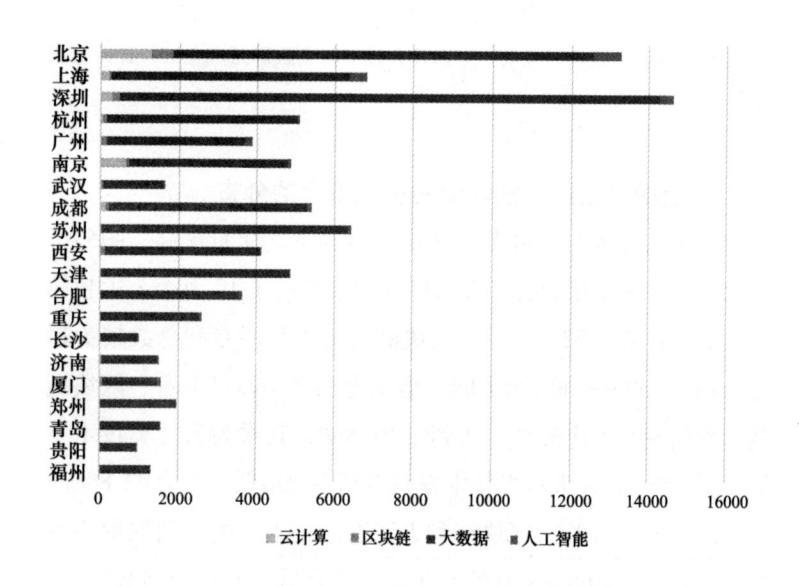

图 5-8　金融科技数字技术专利数量在 FT20 城市上的分布

数据来源：六棱镜研究院，中国社会科学院金融研究所金融科技课题组测算。

深圳、西安和广州分别以 181 个、117 个和 113 个排在第 2—4 位；在大数据领域，深圳专利数排名第一，高达 13796 个，其次为北京（10756 个），再次为苏州（6313 个）、上海（6113 个）和杭州（4875 个）；在人工智能领域，北京以 705 个专利位列第一，上海（437 个）、深圳（367 个）分列第二、三位，随后的是广州（190 个）和成都（105 个）。

六　主要结论与展望

（一）主要结论

1. 中国金融科技燃（FIRE）指数排名

课题组根据金融科技影响因素的类型，从要素基础、智力支撑、资源环境、企业实力四个一级指标，设计了针对国内各个城市金融科技发展的评价指标体系。

从总指数的城市排名来看，北京、上海、深圳位居前三，排在第 4—10 位的城市分别是杭州、广州、南京、武汉、成都、苏州和西安。从空间分布来看，总指数在东、中、西和东北四个区域的分布情况中，东部具有绝对的领先优势。从南北差异来看，南部地区具有绝对优势。

要素基础分指数城市排名中，北京在经济和人口方面均具有明显优势，位居第一。杭州凭借其在人口红利，尤其是人口增速方面的优势，位居第二。广州、上海、重庆、成都、深圳、长沙、武汉和西安位居第 3—10 位。

智力支撑分指数城市排名中，北京在企业科研和高校科研两方面均具有绝对优势，位列第一。上海和南京分别在高校科研和企业科研方面具有明显的比较优势，分别排名第 2、3 位。广州、深圳、杭州、武汉、成都、西安、天津位居第

4—10位。

资源环境分指数城市排名中，上海凭借其在政策资源、网络资源和金融资源方面的优势占据首位。北京、深圳因在网络资源和金融资源方面表现亮眼，分别位列第2、3位。武汉、杭州、南京、成都、贵阳、西安、广州位居第4—10位。

企业实力分指数城市排名中，北京在企业数量和企业质量方面均具有绝对优势，位居首位。深圳、上海、杭州、广州、苏州、南京、武汉、成都、济南位居第2—10位。

2. 金融科技企业的城市和产业链分布特征

本报告考察了59个城市的50436家金融科技企业，并对59个城市各自的金融科技企业专利进行了汇总。金融科技企业数目与专利申请量两者排名前10的城市名单重复度很高。

金融科技企业数目方面，北京、上海、深圳、广州、杭州、成都、南京、苏州、武汉和天津排在前十位。其中，北京、上海和深圳三座城市的金融科技企业数目分别占到全国的19.5%、13.0%和12.3%，三所城市的金融科技企业数目占到全国的近一半（44.8%）。绝大多数金融科技企业居于产业链中游（74.2%），其次为产业链上游（21.4%），再次为下游（4.4%）。

专利反映出金融科技企业的科技属性，专利申请量方面，北京、深圳、上海、广州、杭州、苏州、成都、南京、济南和郑州排在前十位。专利申请量在产业链的分布上，位于产业链中游的专利数目最多，达到了85.1%，其次为产业链上游（12.9%），最少的是产业链下游，仅为2.0%。数字技术方面，从事大数据技术研发的企业最多（8500家），随后依次为云计算技术研发企业（1090家），区块链技术研发企业（611家），人工智能技术研发企业（323家）。大数据技术的专利最多（105481个），排在后面的分别是云计算（3318个），人工智能（2426个），区块链（1423个）。从专利平均质量看，区块链发明专利占比最高（91.8%），其后依次为云计算技术发明专利（85.0%），人工智能技术发明专利（57.4%），大数据技术发明专利（42.8%）。

（二）建议

1. 地方政府出台政策，加大对金融科技发展的支持力度

金融科技的发展，政府支持至关重要。地方政府应充分发挥政府职能，对金融科技进行统筹规划，根据当地实际情况，出台地方金融科技发展规划，制定金融科技类扶持政策和措施，加大对金融科技发展的支持力度。通过政策支持，引导资金合理配置，鼓励对金融科技企业进行投资，尤其是鼓励金融机构助力中小型金融科技企业发展，解决中小企业融资难问题。

2. 结合当地实际，找准金融科技发展的切入点

不同地区的金融科技发展水平不一致。位于第一梯队的北京、上海、深圳金融科技基础好，资源丰富，综合优势突出，各相关要素也均处于领先地位，未来继续发挥创新驱动研发，研发形成技术，技术赋能场景的良性循环。对于其他大多数城市来说，资源禀赋并不像北京、上海、深圳那么丰富，所以，其他地区应当结合自身在金融科技方面的资源禀赋，在补足短板的基础上，发挥独特优势。

3. 以央行推进数字货币为契机，加大金融基础设施建设

2020年，数字人民币试点正在全国开展，数字货币将深刻改变金融基础设施。目前，央行已基本确立了数字货币发行的"两库、三中心"以及用户端数字钱包等系统架构。根据在深圳、苏州、雄安、成都及未来的冬奥会场景进行的数字人民币内部封闭试点测试，工、农、中、建四大国有银行，以及中国移动、中国电信、中国联通三大电信运营商均参与试点。地方政府应当以此为契机，加大关键金融基础设施建设，推动区块链、大数据、云计算、数字钱包等新兴技术在数字货币中的运用。

4. 北部地区以城市群为载体，推进区域内金融科技协同发展

北部地区可以借鉴南部地区的经验，以京津冀等城市群为载体，加强区域合作，整体推进区域内不同城市金融科技协同发展。从金融科技指数排名的空间分布可以看出，南北差异较大。在第一、二梯队的城市中，北部地区北京一枝独秀，南部地区则相对均衡，长三角城市群有3个城市上榜，粤港澳大湾区占据2个席位。北部地区应当树立"一体化"意识和"一盘棋"思想，不断加大政策力度推进区域经济一体化，加强区域内不同城市的互动合作，实现金融科技的协同发展。

5. 中西部城市以发展金融科技为契机，实现变道发展

中西部城市要抓住金融与科技融合这一历史机遇，大力发展金融科技，缩小东西部金融差距。东西部发展不平衡由来已久，在各个领域各个行业均有体现。从金融科技指数排名的空间分布可以看出，在金融科技方面，东西差距明显。总指数排名位于第一、二梯队的城市中，东部城市占据6个席位，中部城市和西部城市均仅有1个城市上榜。近年来，大数据、人工智能、区块链等新兴技术广泛应用于金融领域，金融与科技的融合程度不断加深。中西部地区应顺应时代潮流，加强金融科技理论研究，深入开展产学研合作，加速推动科研成果转化，在金融科技领域变道发展。同时，还要把握"一带一路"倡议的历史机遇，积极加入国际化发展格局中，运用金融科技为"一带一路"沿线国家提供更优质的金融服务，以金融科技作为切入点，实现中西部地区经济的跨越式发展。

6. 加强监管科技建设，补齐地方金融监管短板

第五次全国金融工作会议后，中央发文进一步明确了地方政府对七类机构和四类场所的监管事权。但是现阶段地方金融监管局建立的非现场监管系统仍比较粗放，不能完全适应新形势下对地方金融监管的要求。因此，围绕行业综合监管、风险监测预警、综合监管协同、金融科技服务管理等地方金融监管需求，加强监管科技建设，大力推动监管科技在实践中的应用，强化对既有业务的非现场监管功能以及对创新业务的监管沙箱功能，辅助现场检查监管功能，补齐地方金融监管短板，提升地方金融监管能力和效率是接下来发展的重点。

（三）展望

金融科技发展到今天，已经成为金融业的核心竞争力。

为了进一步规范金融科技发展，提高金融服务实体经济的质量和效率，我们应不断加强对金融科技发展的研判，推演出未来金融科技发展的方向与趋势。

1. 将发展金融科技提升至国家战略层面

目前，我国金融科技发展取得了良好成绩，金融科技的发展水平已位居世界前列。为了进一步保持金融科技的发展势头，可以将发展金融科技提升至国家战略层面，发挥金融科技作为金融业转型升级的动力作用，增强我国参与国际金融体系建设的能力，提高中国在国际金融体系的话语权。

2. 加大金融科技发展力度，助力"双循环"格局发展

在新冠肺炎疫情影响下，为保障中国经济安全，拓展经济发展空间，党的十九届五中全会提出了"加快构建以国内大循环为主体、国内国际双循环相互促进的新发展格局"的重大战略部署。金融科技是促进金融发展和产融结合的最佳方式，可以助力构建"双循环"新发展格局，既可以通过创新支付、结算体系，从国际金融的美元体系中实现突围；也可以通过精准触达宏观调控政策，为供给侧结构性改革以及产业结构优化升级提供高质量的金融服务。

3. 金融与科技高度融合，形成多层次的金融科技生态圈

目前，我国金融业主要以传统的银行、证券、保险、基金等金融机构为主。随着金融科技的发展，金融与科技高度融合，已逐渐形成监管机构、传统金融机构、金融科技公司、监管科技公司以及科技公司等多层次金融科技生态圈，而且规模越来越大，维度越来越多，业态越来越丰富，体系越来越完善。但需要注意的是，多层次金融科技生态圈的构建要注重维持金融业态系统的平衡，注意防范系统性金融风险，保护国家金融安全。

4. 监管科技迅速崛起，金融监管效能提升

金融科技的发展，在推动金融业发展的同时，也导致金融和技术风险的加大。监管部门应当整合人力、物力、财力，运用人工智能、大数据、区块链、云计算等工具，借助科技的力量，不断加大监管科技在金融科技中的应用，以提升监管水平和监管能力。同时，还要积极参与国际金融监管合作，防范金融科技引发的风险跨境传染。

5. 健全金融科技监管体系，为金融科技发展提供政策支持

金融科技与监管之间相互促进，共同发展，金融科技的产生与发展推动着金融监管的变革，金融监管的有效性又决定了金融科技发展的上限。因此，应进一步建立和完善符合金融科技发展需求的金融监管体系，在宏观层面树立新发展理念，加强风险控制机制建设，构建金融科技监管框架，在微观层面贯彻实施"三道防线"风控体系，确保不发生重大风险，进一步提升中国对金融科技的监管能力，为金融科技发展提供政策支持，以推动金融行业的数字化转型，促进中国金融行业发展实现弯道超车，增强中国金融行业的国际竞争力。

后　记

当前，中国金融科技发展进入"深水区"，在从高速增长向高质量发展的转型升级过程中，前期累积的问题和风险逐步暴露，针对金融科技的监管措施也在不断强化，在此背景下如何客观衡量中国金融科技发展的整体水平及其全球地位、评估不同地区间金融科技的发展差异、厘清金融科技企业的城市和产业链分布特征成为地方政府、监管当局和业界共同关注的热点问题。为此，中国社会科学院金融研究所以金融科技研究室为基础，以金融科技数据库建设为依托，成立金融科技指数研究课题组。

课题负责人及本书的卷首语由胡滨研究员承担。课题执行负责人及研究框架由尹振涛承担。指标体系构建及数据协调由丁一、汪勇承担。第一章和第六章由张淑芬撰写，第二章和第三章由张羽撰写，第四章由丁一撰写，第五章由汪勇撰写。本书的英文翻译工作由韩杨承担。本书统稿由胡滨、尹振涛和汪勇负责。

在金融科技指数研究及本书的写作过程中，课题组得到了人民日报数字传播、六棱镜研究院和中科清博等单位的大力支持。本书的出版也得益于中国社会科学出版社各位老师的鼎力支持与辛苦付出,在此我们一并表示感谢!

本书聚焦于金融科技指数构建,受制于数据等因素的制约,我们的研究可能存在诸多的不足和疏漏,欢迎广大读者批评指正。

胡滨，研究员，博士生导师。现任中国社会科学院金融研究所党委书记兼副所长、国家金融与发展实验室副理事长。先后主持包括国家社科基金重点课题、中国社会科学院重大课题等40多项；主编《中国金融监管报告》（蓝皮书）10部；在《法学研究》《财贸经济》等刊物发表学术论文百余篇；出版英文专著2部，译著1部。先后获得中央国家机关青年"创新奖"；中国社会科学院优秀决策信息对策研究类一等奖、二等奖和三等奖；中国青年经济学者优秀论文提名奖；优秀皮书奖一等奖；金融研究所优秀科研成果奖、二等奖等；并获得中国社会科学院优秀青年等荣誉称号。2014年胡滨研究员入选国家百千万人才工程并被授予有突出贡献中青年专家，享受政府特殊津贴。胡滨研究员主要研究领域为金融监管、金融科技及普惠金融等。

　　尹振涛，副研究员，硕士生导师。现任中国社会科学院金融研究所金融科技研究室主任，兼任国家金融与发展实验室金融法律与金融监管研究基地秘书长。在《经济学动态》《中国农村经济》《国际经济评论》《中国人口科学》等核心期刊发表学术论文50余篇。出版学术专著3部、译著1部、主编多部、主持和参与多项省部级及国家社会科学基金项目。2014年获得"中国青年经济学人"荣誉称号，2016年荣获第九届中国社会科学院优秀科研成果三等奖，多次获得中国社会科学院优秀对策信息奖对策研究类一等奖和二等奖。主要研究领域为金融科技、金融风险与监管科技。

汪勇，安徽黄山人，经济学博士、博士后，助理研究员。在《金融研究》《国际金融研究》《财经研究》《中国软科学》等核心期刊发表论文多篇。主要研究领域为金融科技、宏观金融与经济政策评估。